PETER WENDE

PROBLEME DER ENGLISCHEN REVOLUTION

PETER WENDE

PROBLEME DER ENGLISCHEN REVOLUTION

1980
WISSENSCHAFTLICHE BUCHGESELLSCHAFT
DARMSTADT

CIP-Kurztitelaufnahme der Deutschen Bibliothek

Wende, Peter:
Probleme der Englischen Revolution / Peter Wende. – Darmstadt: Wissenschaftliche Buchgesellschaft, 1980.
ISBN 3-534-07708-3

1 2 3 4 5

Bestellnummer 7708-3

Satz: Maschinensatz Gutowski, Weiterstadt
Druck und Einband: Wissenschaftliche Buchgesellschaft, Darmstadt
Printed in Germany
Schrift: Linotype Garamond, 9/11

ISBN 3-534-07708-3

FÜR MARGOT UND DAVID

INHALT

ABKÜRZUNGEN

AHR	American Historical Review
CHJ	Cambridge Historical Journal
CMH	Cambridge Modern History
EHR	English Historical Review
Ec.HR	Economic History Review
GG	Geschichte und Gesellschaft
HJ	Historical Journal
HZ	Historische Zeitschrift
Hist	History
JBSt	Journal of British Studies
JEH	Journal of Economic History
JMH	Journal of Modern History
PP	Past and Present
TRHS	Transactions of the Royal Historical Society
ZHF	Zeitschrift für Historische Forschung

VORBEMERKUNG

Aus kontinentaleuropäischer Sicht wird der Englischen Revolution im Kontext der europäischen Entwicklung der Neuzeit nicht selten ein untergeordneter Stellenwert zugemessen. Dies mag ein Grund dafür sein, daß zur Zeit eine knappe, allgemeingehaltene deutsche Einführung zu diesem Themenkreis nicht vorliegt. Die nachfolgenden Ausführungen sollen zumindest vorläufig diese Lücke zu schließen versuchen.

Ich danke dabei der Wissenschaftlichen Buchgesellschaft für ihre Bereitschaft, eine solche Einführung in ihr Programm aufzunehmen. Darüber hinaus möchte ich an dieser Stelle all jenen Kollegen meinen Dank abstatten, die mir hierbei Rat, Kritik und Ermutigung zuteil werden ließen.

Frankfurt a. M., April 1980 Peter Wende

EINLEITUNG

Die Debatte der Historiker um die Einordnung und Wertung der Englischen Revolution dauert an. Durchaus zutreffend hat Lawrence Stone, der selbst neue Wege zur Deutung der Epoche gewiesen hat,[1] erst kürzlich die historiographische Szene mit einem Schlachtfeld voller Minen, Fallgruben und Schützengräben verglichen, in denen entschlossene Gelehrte ihre Positionen um jeden Preis verteidigen. Die Vielzahl der gerade in den letzten Jahren erschienenen Publikationen verweist sowohl auf die fortdauernde Existenz verschiedener, zum Teil konträrer Grundpositionen als auch auf die wachsende Zahl neuer materialreicher, quellenkritischer Einzelstudien, die, angeregt durch die grundsätzlichen Kontroversen, ihrerseits nun mit differenzierten Ergebnissen in wichtigen Detailbereichen generalisierende Thesen modifizieren, in Frage stellen oder gar ad absurdum führen.

Diese allgemeinen ersten Hinweise auf die Forschungssituation mögen vorläufig genügen, um zunächst Möglichkeiten und Grenzen des vorliegenden Bändchens abzustecken: Es kann sich dabei weder um eine Gesamtdarstellung noch um einen erschöpfenden Literaturbericht handeln – das eine müßte den vorgegebenen Rahmen in jeder Beziehung sprengen, das andere wäre nur dem Spezialisten von Nutzen –, sondern um eine Einführung in die Probleme der Geschichte der Englischen Revolution, die damit zugleich zentrale Kontroversen und wegweisende Beiträge der Forschung angemessen berücksichtigen muß.[2] Mit dieser Zielsetzung rückt notwendig die Frage nach dem revolutionären Charakter der Ereignisse der englischen Geschichte zwischen den Jahren 1640 und 1660 in den Mittelpunkt der Darstellung; an ihr scheiden sich letztlich die Grundpositionen der wissenschaftlichen Debatte; nach wie vor ist umstritten, ob Bürgerkrieg und Interregnum als die

[1] L. Stone, The Causes of the English Revolution 1529–1642, 1972.

[2] Als Standardbibliographie sei hier vor allem genannt: Bibliography of British History. Stuart Period 1603–1714, 2. Aufl. ed. M. F. Keeler, 1970 (erfaßt die bis 1961/62 erschienene Literatur). R. C. Richardson, The Debate on the English Revolution, 1977, liefert nicht nur einen Überblick zur Geschichte der Historiographie der Englischen Revolution, sondern führt auch in die jüngsten wissenschaftlichen Problemstellungen und Kontroversen ein.

erste große Revolution der europäischen Geschichte bezeichnet werden können.

Generell wurden und werden nämlich die Ereignisse der zwei Jahrzehnte von 1640 bis 1660 als 'Civil War' oder 'Great Rebellion' klassifiziert. Diese Terminologie stützt sich dabei auf den Sprachgebrauch der Zeitgenossen, ist vor allem geprägt durch die erste große klassische Darstellung der Epoche, Clarendons ›History of the Rebellion and the Civil War in England‹, die der große Staatsmann der siegreichen Restauration vom Standpunkt eines gemäßigten Royalismus verfaßte, womit er zugleich für lange Zeit gültige Maßstäbe für die historische Beurteilung setzte.[3] Revolution war dagegen zunächst die Glorreiche Revolution von 1688, allerdings in jenem begrenzten, konservativen Sinne der Zeit, die diese unblutige Staatsumwälzung als Rückkehr zu den verfassungsmäßigen Zuständen des guten alten Rechts verstand.[4] Auch als im 19. Jahrhundert mit dem bahnbrechenden Werk des Juristen Henry Hallam zur englischen Verfassungsgeschichte und vor allem unter dem dominierenden Einfluß Macaulays die liberale Historiographie triumphierte und ihre antiroyalistische Beurteilung des Kampfes zwischen Stuarts und Parlament zum Dogma erhob, änderte sich nur wenig an der historischen Klassifizierung der Jahrzehnte der inneren Wirren um die Mitte des 17. Jahrhunderts, die immer noch im Vergleich zur Glorreichen Revolution als irrationales Intermezzo im Rahmen einer langfristigen, zielgerichteten Kontinuität erschienen.[5] So verwundert es nicht, daß zunächst ein Ausländer, der Franzose François Guizot, von der Englischen Revolution der Jahre 1640 bis 1660 schrieb, bevor der englische Philosoph und politische Radikale Thomas Hill Green 1867 seine Vorlesungen zur Englischen Revolution vor der Philosophischen Gesellschaft zu Edinburgh hielt und Thomas Carlyle

[3] Edward Hyde, Earl of Clarendon, The History of the Rebellion and Civil Wars in England, ed. W. D. Macray, 6 vols., 1880, repr. 1958. Zu Clarendon vgl. bes. B. H. G. Wormald, Clarendon. Politics, History and Religion 1640–1660, 1951, 1976.

[4] K. Griewank, Der neuzeitliche Revolutionsbegriff. Entstehung und Entwicklung, 2. Aufl. 1969, bes. 148 ff.; V. Snow, The Concept of Revolution in Seventeenth-Century England, HJ V (1962).

[5] Henry Hallam, The constitutional History of England from the Accession of Henry VII to the Death of George II, 2 vols., 1827. Dazu T. B. Macaulay, Hallam (Edinburgh Review, Sept. 1828) in ders., Critical and Historical Essays contributed to the Edinburgh Review, 3 vols., 1843, sowie ders., The History of England from the Accession of James II, 5 vols., 1849–55.

mit seiner bahnbrechenden Würdigung Cromwells den revolutionären Charakter des Puritanismus entdeckte.[6] Danach prägte Gardiner mit seiner großen Darstellung der Ereignisse den Begriff von der Puritanischen Revolution,[7] gegen den später besonders Christopher Hill so entschieden Position bezog, nicht um den revolutionären Charakter der Epoche zu bestreiten, sondern um ihn weitaus schärfer und umfassender zu begründen, so daß auch im Lichte einer von Axiomen marxistischer Geschichtsauffassung geprägten Historiographie hier nun von einer großen Revolution gesprochen werden konnte, "comparable in many respects with the French Revolution of 1789".[8] Doch Hill begründete damit keine allgemeinverbindliche neue Orthodoxie: Die Bezeichnung von 'Civil War' und 'Great Rebellion' als Revolution ist weiterhin durchaus kontrovers: Auf der einen Seite betonen Historiker wie Elton oder Trevor-Roper das Übergewicht einer langfristigen Kontinuität der historischen Entwicklung vom 16. bis hin ins 18. Jahrhundert, vor deren Hintergrund Bürgerkrieg und Interregnum lediglich als "an untidy interruption" erscheinen – auf der anderen Seite wird etwa von Lawrence Stone oder P. Zagorin die Englische Revolution des 17. Jahrhunderts durchaus jenen großen Revolutionen der Neuzeit zugerechnet, die entscheidend zur Geburt der modernen Welt beitrugen.[9]

Damit aber sind Probleme der Begriffsbestimmung des Phänomens der Revolution sowie der vergleichenden empirischen Revolutionsforschung in den Blick gerückt, die hier nicht einmal gestreift werden können.[10] Statt dessen muß es genügen, zunächst aus einem möglichst

[6] F. Guizot, Histoire de la république d'Angleterre et de Cromwell, 2 vols., 1854, erw. Neuaufl. 1862; Th. Hill Green, Four Lectures on the English Revolution, 1867; Th. Carlyle, Historical Sketches of notable Persons and Events in the Reigns of James I and Charles I, 1848; ders., Oliver Cromwell's Letters and Speeches, with elucidations, 2 vols., 1845.

[7] S. R. Gardiner, The first two Stuarts and the Puritan Revolution, 1876.

[8] C. Hill, The Century of Revolution 1603–1714, 1961, 187.

[9] G. R. Elton, The Stuart Century, in: ders., Studies in Tudor and Stuart Politics and Government, 2 vols., 1974, II, 155 ff. Vgl. auch ders., Modern Historians on British History 1485–1945. A Critical Bibliography, 1945–1969, 1970, 51; H. Trevor-Roper, The social Origins of the Great Rebellion, History Today V (1955); Stone, Causes, 48 f.; P. Zagorin, The Court and the Country. The Beginning of the English Revolution, 1969, 6 f.

[10] Statt dessen sei hier lediglich verwiesen auf Th. Schieder, Theorie der Revolution, in: ders. (Hrsg.), Revolution und Gesellschaft, Freiburg i. Br. 1973; Stone, Causes, 3–26.

allgemeingehaltenen Revolutionsbegriff heraus Leitfragen für den Gang der Darstellung zu entwickeln. Versteht man unter Revolution eine „besondere, nämlich beschleunigte Form des historischen Wandels" (Schieder), so muß sich das Interesse notwendig auf den Umfang sowie die Art und Weise dieses Umbruchs konzentrieren. Im einzelnen heißt das, auf folgende Fragen eine Antwort zu suchen:

(1) Auf welchen Ebenen findet in welchem Maße Veränderung statt? Beschränkt sie sich auf den Sektor der Regierung, erfaßt sie zugleich die politische Organisationsform der Gesellschaft, die Verfassung, erstreckt sie sich darüber hinaus auch auf die Sphäre der sozialen Ordnung oder gar auch auf den Bereich der Theorien, des Weltverständnisses und der Wertvorstellungen, d. h. findet eine Totalumwälzung statt?

(2) Ist Gewaltanwendung wesentliches Moment der Veränderung, u. U. unter Beteiligung sog. 'Volksmassen'?

(3) Wie nachhaltig sind die revolutionären Wandlungen? Stiftet die Revolution neue Kontinuität oder erscheint sie lediglich als folgenlose Unterbrechung einer durch sie kaum tangierten Entwicklung?

(4) Sind die Veränderungen von einem subjektiven Willen zur Veränderung getragen, besteht bereits ein revolutionäres Bewußtsein der Akteure?

Unter diesen Leitfragen sollen im folgenden die einzelnen Phasen der Englischen Revolution vorgestellt werden, wobei einzelne Stadien eine unterschiedliche Akzentsetzung verlangen werden.

Dabei stützen sich Resümee und Interpretation in erster Linie auf Forschungsergebnisse angelsächsischer Historiker, die in zahlreichen Aufsätzen und Spezialstudien der letzten Jahre vorliegen.[11] Demgegenüber existieren keine nennenswerten neueren Gesamtdarstellungen der Englischen Revolution. Hier ist Gardiners Geschichte der Zeit immer noch das Standardwerk als die umfassendste Ereignisschilderung von bislang unübertroffener Vollständigkeit und Zuverlässigkeit, das auch durch die jüngeren Darstellungen von Roots und Wedgwood nicht überholt worden ist.[12] Dieser Mangel an speziellen Revolutionsgeschich-

[11] Wichtig in diesem Zusammenhang folgende Sammelbände: E. W. Ives (ed.), The English Revolution 1600–1660, 1968; C. Russell (ed.), The Origins of the English Civil War, 1973; B. Manning, Politics Religion and the English Civil War, 1973, R. H. Parry (ed.), The English Civil War and after 1642–1658, 1970; G. E. Aylmer, (ed.), The Interregnum: The Quest for Settlement 1646–1660, 1972.

[12] S. R. Gardiner, History of England from the Accession of James I to the Outbreak of the Civil War 1603–1642, 10 vols., 2. Aufl. 1883–84; ders.,

ten – besonders auffällig im Vergleich zu der Fülle der Geschichten der Französischen Revolution – wird allerdings z. T. ausgeglichen durch die Vielzahl der weiter ausgreifenden Schilderungen und Deutungen, in denen die Revolution in einen größeren Ereigniszusammenhang gestellt ist, ein Umstand, der wiederum auf die Eigenart der Englischen Revolution verweist, die von vielen eher als Etappe eines längerfristigen Prozesses denn als abgeschlossenes epochales Ereignis gesehen wird.[13]

Eine Einführung, die sich auf neuere Forschungen stützen muß, kann den historiographiegeschichtlichen Aspekt des Themas notgedrungen nur andeuten.[14] Die mehr als dreihundert Jahre Revolutionsgeschichtsschreibung in England sind dabei naturgemäß von den allgemeinen Entwicklungstendenzen der englischen Historiographie geprägt. Zunächst ist und bleibt die Darstellung der Ereignisse politische Tendenzhistorie, denn sie ist Zeitgeschichte, die von betroffenen Zeitgenossen im Dienst der eigenen Sache gegen den politischen Gegner geschrieben wurde. Dabei ragen neben dem schon genannten Clarendon besonders die Deutungen der politischen Philosophen James Harrington und Thomas Hobbes über das Mittelmaß jener zahlreichen übrigen Darstellungen heraus, die heute nur noch den Spezialisten interessieren.[15] Harringtons ›Commonwealth of Oceana‹ (1656) liefert die durch die

History of the Great Civil War 1642–49, 3 vols., 1886–91; ders., History of the Commonwealth and Protectorate 1649–56, 3 vols., 1894–1901. Das monumentale Werk wurde dann fortgesetzt von Ch. Firth, The last Years of the Protectorate, 2 vols., 1909, an den später anschloß G. Davies, The Restoration of Charles II 1658–60, 1955. – I. Roots, The Great Rebellion, 1966; C. V. Wedgwood, The King's Peace 1637–1641, 1955; dies., The King's War 1641–1647, 1958; dies., The Trial of Charles I, 1964 (dt.: Tod dem König, 1968). Das wichtige Buch von R. Ashton, The English Civil War. Conservatism and Revolution, 1978, erschien, als große Teile des Manuskripts bereits fertiggestellt waren, und konnte daher nicht mehr in allen seinen Ergebnissen berücksichtigt werden.

[13] Z. B.: M. Ashley, England in the seventeenth Century, 1952; G. E. Aylmer, The Struggle for the Constitution 1603–1689, 1963; G. Davies, The Early Stuarts, 1603–1660, 2. Aufl. 1959; C. Hill, Century; C. Russell, The Crisis of Parliaments. English History 1509–1660, 1971; G. M. Trevelyan, England under the Stuarts, 1904, 25. Aufl. 1949.

[14] Dazu bes. Richardson, Kap. 2–4.

[15] Eine ausführliche Auflistung der frühen Historiker der englischen Revolution bei: C. H. Firth, The Development of the Study of the Seventeenth-Century-History, TRHS, 3rd. ser., VII (1913).

literarische Form der utopischen Erzählung nur notdürftig verhüllte republikanische Interpretation der Zeit, wobei die Genesis der englischen Republik aus der langfristigen ökonomischen Entwicklung abgeleitet wird – eine Analyse, die im 20. Jahrhundert ihre große Renaissance erleben sollte.[16] Auch Hobbes ging es in ›Behemoth‹ um die historische Fundierung seiner politischen Doktrin; [17] er interpretierte den Bürgerkrieg als den Kampf um den Besitz der staatlichen Souveränität, wie er notwendig aus dem Umstand erwachsen mußte, daß man zuvor versucht hatte, diese unteilbare Souveränität zwischen König und Parlament gleichmäßig zu gewichten.

Auch noch später, vom Ende des 17. bis weit ins 19. Jahrhundert hinein, blieb die Revolutionsgeschichtsschreibung im Dienste der Tagespolitik. Zunächst war sie weiterhin durch die Fortdauer der politischen Auseinandersetzung zwischen Krone und Parlament geprägt, die 1660 nur vorübergehend unterbrochen wurde und erst durch die Ausbildung des Kabinettssystems unter der Herrschaft der Whig-Oligarchie in eine Epoche der Stabilität mündete. Damit wurde die historische Deutung der Revolution zum Gegenstand parteipolitischer Kontroversen zwischen den sich jetzt allmählich herausbildenden Whigs und Tories, und wenn auch die Parteigrenzen fluktuierten und die Parteistandpunkte oszillierten, so kristallisierten sich doch schon bald die klassischen Whig- bzw. Tory-Interpretationen der Revolution heraus: Erstere rechtfertigte von einer antimonarchischen bzw. antijakobitischen Position aus den Kampf des Parlaments als die Verteidigung der Verfassung gegen den drohenden Absolutismus der Stuarts, die andere verurteilte ihn als das verhängnisvolle Resultat anarchistischer Bestrebungen eines autoritätsfeindlichen Puritanismus.

Doch auch das 18. Jahrhundert besaß seinen herausragenden Historiker der Revolutionsepoche: David Hume, dessen ›History of Great Britain‹ 1754–57 erschien.[18] Der schottische Philosoph richtete sein Urteil nicht an einem Parteiprogramm aus. Schon Voltaire hatte bemerkt, daß Hume als Historiker weder vom parlamentarischen noch vom royalistischen Standpunkt aus schrieb. Aber Hume war Aufklärer, haßte als Freigeist religiösen Fanatismus und Intoleranz und bezog daher gegen die Puritaner Partei. Zum anderen versuchte er der Per-

[16] James Harrington, Commonwealth of Oceana, 1656. Spätere Ausg.: ed. J. Toland, 1700; ed. H. Morley, 1883; ed. S. B. Liljegren, 1924; ed. J. G. A. Pocock, 1977.

[17] Th. Hobbes, Behemoth or an Epitome of the Civil Wars, 1679 (in den 60er Jahren verfaßt), hrsg. von F. Tönnies, 2. Aufl. 1969.

[18] D. Hume, The History of Great Britain, 2 vols., 1754–57.

son Karls I. gerecht zu werden, dessen Politik er nicht pauschal verurteilte, sondern an den Anforderungen und Möglichkeiten der Zeit maß. Dies genügte, Hume zunächst als Tory-Apologeten abzustempeln, was aber nicht verhindern konnte, daß seine ›History‹ bis weit ins 19. Jahrhundert die klassische und zugleich populärste Darstellung der Revolution blieb. Erst mit Macaulay triumphierte wieder eindeutig die Whig-Interpretation. In ausdrücklicher Polemik gegen Hume und in ausgesprochenem Bekenntnis zu seiner Parteiposition als Liberaler schrieb Macaulay seine ›History of England‹, in der er das 17. Jahrhundert als die Epoche des großen Freiheitskampfes feierte, in dessen Verlauf seine politischen Vorfahren – "the Whigs of the 17th century" – jene große politische Tradition begründeten, die unter Englands Führung die moderne Geschichte zur Geschichte der Ausbreitung der Freiheit werden ließ.[19]

Mit Macaulays brillanter, aus umfassender Gelehrsamkeit geschöpfter Darstellung – auch noch heute durchaus lesenswerte, mitreißende Lektüre – erreichte die populäre Darstellungsform mit offener politischer Zielsetzung ihren Höhepunkt. Ungefähr von der Mitte des 19. Jahrhunderts an und besonders unter dem Einfluß der sich entfaltenden modernen deutschen Geschichtswissenschaft wandelte sich auch die englische Geschichtsschreibung, die nun ebenfalls ihre Erkenntnisse auf kritisches Quellenstudium zu basieren trachtete. Die Ausbildung einer wissenschaftlichen Historiographie setzte zugleich neue Akzente in der Debatte über die Englische Revolution; bei aller Subjektivität der Standpunkte trat nun offene Parteipolemik in den Hintergrund, man bemühte sich fortan um wissenschaftlich gesicherte Ergebnisse; akademischer Stil verdrängte die populärwissenschaftliche Darstellung, auf Macaulay folgten Gardiner und seine Schule. Auf der Grundlage peniblen Quellenstudiums wie aus umfassender Kenntnis der außerenglischen Entwicklung heraus schuf Gardiner in seiner vielbändigen ›Geschichte Englands im 17. Jahrhundert‹, die er bis zum Jahre 1656 führen konnte, das noch heute gültige Standardwerk. Selbstverständlich schilderte auch seine von einem strengen chronologischen Prinzip geleitete Ereignisgeschichte – ein Verfahren, das nach Ansicht des Verfassers unerläßliche Voraussetzung für eine objektive Darstellung sei[20] – den Gegenstand unter dem Eindruck der eigenen Gegenwart. Verfassung und Weltgeltung des viktorianischen England repräsentierten für Gardiner das Ziel der bisherigen englischen Geschichte und

[19] T. B. Macaulay, History. Vgl. auch Richardson, 57 ff.

[20] Vgl. S. R. Gardiner, History of England 1628–37, 1877, Pref.

entsprechend charakterisierte er das 17. Jahrhundert als wichtige Etappe auf diesem Wege, wobei er zugleich der Verbindung von Politik und Religion – ebenfalls ein viktorianisches Thema – besondere Aufmerksamkeit schenkte. Angesichts dieser seine Schilderung leitenden Grundüberzeugungen ist dann auch Gardiners Präsentation der 'Puritan Revolution' als das klassische Werk einer wissenschaftlichen Whig-Interpretation der englischen Geschichte der frühen Stuart-Zeit klassifiziert bzw. attackiert worden. Solche Kritik an ihm sowie seinen Fortsetzern und Schülern – hier sind neben Firth und Davies besonders Trevelyan und Wedgwood zu nennen – war aber nicht Ausdruck des alten Tory-Whig-Antagonismus. Sie wurde vielmehr vornehmlich von 'links' artikuliert und leitete mit ihrem Ansatz eine wichtige Phase in der wissenschaftlichen Auseinandersetzung um die Englische Revolution ein. Angesichts der wachsenden Bedeutung sozialer Probleme und sozialistischer Lösungen für die Politik des 19. und 20. Jahrhunderts stellte nun auch die Geschichtswissenschaft die Frage nach dem Stellenwert der Revolution im Kontext der sozio-ökonomischen Entwicklung Englands im 16. und 17. Jahrhundert. Marx und Engels hatten in Analogie zu dem großen Modell der Französischen Revolution die Ereignisse in England im 17. Jahrhundert als gleichfalls bürgerliche Revolution gewertet, sie in den großen Kampf der Bourgeoisie gegen den Feudalismus eingeordnet.[21] Die darauf fußende orthodoxe marxistische Deutung wurde in die englische Historiographie in den 30er Jahren des 20. Jahrhunderts eingeführt. In dieser Blütezeit des englischen Marxismus war es Christopher Hill, der in zwei aufsehenerregenden Literaturberichten die Interpretationsmodelle sowjetischer Historiker vorstellte und selbst in dem von ihm herausgegebenen Band ›The English Revolution 1640‹ als Resultat des Bürgerkriegs resümierte: "An old order that was essentially feudal was destroyed by violence, a new and capitalist social order created in its place." [22] Doch es war nicht der stereotype Marxismus Hills – der übrigens seine früheren rigiden Thesen erheblich modifizierte und differenzierte, sobald er die Lektüre sowjetischer Historiker durch eigenes Quellenstudium ersetzte [23] – es waren vielmehr die Thesen des englischen Sozialisten

[21] Vgl. L. Stone, Social Change and Revolution in England 1540–1640, 1965, 3 ff.

[22] C. Hill, Social Interpretations of the English Interregnum, Ec. HR VIII (1938); ders., The agrarian Legislation of the Revolution, EHR LV (1940); ders., The English Revolution 1640, 1940, 9

[23] Richardson, 104.

und Historikers R. H. Tawney, die eine neue große Debatte über die Ursprünge und das Wesen der Englischen Revolution entfachten [24].

Indem man dabei unter dem direkten oder indirekten Eindruck marxistischer Geschichtstheorie die Revolution als den Ausdruck sozialer Spannungen begriff, die aus wirtschaftlichen Veränderungen resultierten und schließlich in den revolutionären Akt des Umsturzes bestehender politischer Ordnungen mündeten, trat damit notwendig die Frage nach den ökonomischen Voraussetzungen und sozialen Ursachen der Ereignisse in den Vordergrund wissenschaftlichen Interesses. Jede neuere Forschungsergebnisse zusammenfassende Darstellung muß daher von diesem Problemkreis ihren Ausgang nehmen.

[24] S. u. S. 17 ff.

I. VORAUSSETZUNGEN – URSACHEN – ANLÄSSE

1. Wirtschaftliche Entwicklung und sozialer Wandel

Die erste Hälfte des 17. Jahrhunderts war für die englische Wirtschaft keine Epoche spektakulären Wachstums, sondern eine Zeit der Krisen,[1] der mühsamen Anpassung an veränderte Verhältnisse. Besonders deutlich läßt sich dies an der Entwicklung des für die gewerbliche Wirtschaft so zentralen Tuchexports ablesen. Noch 1614 auf dem Höhepunkt, war dieser Handel bereits acht Jahre später auf nahezu die Hälfte reduziert und ging von da an, mit gewissen Unterbrechungen, bis in die Jahre nach der Revolution ständig zurück.[2] Auch spektakuläre Handels- und Kolonisationsunternehmungen in Übersee können nicht darüber hinwegtäuschen, daß im Kontext einer allgemeinen europäischen Krise die englische Wirtschaft eine schwierige Phase durchlief. Hinzu kamen besonders schlechte Ernten in den zwanziger und dreißiger Jahren, so daß generell die wirtschaftliche Situation durch Instabilität und daraus herrührende allgemeine Unsicherheit gekennzeichnet war.[3] Nur in einem weitergesteckten Rahmen, der das gesamte Jahrhundert vor Ausbruch der Revolution mit einschließt,[4] läßt sich von einer Periode frühkapitalistischen Wachstums sprechen, das, marxistischer Theorie zufolge, unabdingbare Voraussetzung für eine bürgerliche Revolution ist. Unter dem Eindruck dieser These hat die Forschung der letzten fünfzig Jahre tatsächlich bedeutsame Entwicklungen im Bereich der englischen Wirtschaft des 16. Jahrhunderts entdeckt:

[1] Vgl. Ch. Wilson, England's Apprenticeship 1603–1763, 1965, bes. T. I. The Lean Years 1603–1660.

[2] B. E. Supple, Commercial Crisis and Change in England 1600–1642, 1964. Supple weist zugleich nach, daß die wirtschaftlichen Krisen nicht als Ursache der Verfassungskrise herangezogen werden können (232).

[3] Wilson, 117.

[4] Als allgemeine Einführungen in die englische Wirtschaftsgeschichte der frühen Neuzeit seien hier vor allem zwei jüngere Darstellungen erwähnt: L. A. Clarkson, The Pre-Industrial Economy of England 1500–1750, 1971; B. A. Holderness, Pre-Industrial England. Economy and Society from 1500 to 1750, 1976.

auf dem nach wie vor zentralen Sektor der Landwirtschaft wurde die Produktion erheblich gesteigert, sowohl durch Ausweitung des kultivierten Areals wie auch durch Intensivierung mittels neuer Techniken und Methoden, so daß die im 16. Jahrhundert sprunghaft anwachsende Bevölkerung doch noch ausreichend ernährt werden konnte;[5] im gewerblichen Bereich[6] baute die Tuchmanufaktur ihre zentrale Position aus, wobei neben der Versorgung des einheimischen Marktes in immer stärkerem Maße für den Export produziert wurde; daneben kam es zu ersten spürbaren Anfängen industrieller Aktivität, besonders auf dem Gebiet des Kohlebergbaus. Speziell diese 1540 deutlich einsetzende Entwicklung hat den Wirtschaftshistoriker J. U. Nef veranlaßt, in diesem Zusammenhang sogar von einer ersten „industriellen Revolution" zu sprechen,[7] eine These, die jedoch inzwischen kaum noch Anhänger findet, denn trotz stattlicher prozentualer Zuwachsraten bleibt, volkswirtschaftlich betrachtet, dieser Sektor weiterhin von untergeordneter ökonomischer Relevanz. So läßt sich trotz aller Fortschritte kein qualitativer Wandel der Wirtschaftsstruktur registrieren: England war nach wie vor Agrarstaat der vorindustriellen Epoche. Im Vergleich zu den übrigen europäischen Staaten sind allerdings gewisse Unterschiede festzustellen, die, gemessen an der späteren Entwicklung, auf die industrielle Revolution hin durchaus als 'Vorsprung' gewertet werden können. Z. B. waren die mittelalterlichen Formen der Grundherrschaft längst durch ein von marktwirtschaftlichen Gesetzen bestimmtes Zusammenspiel von Grundbesitzern, Pächtern und Landarbeitern abgelöst worden; im Rahmen der Agrarwirtschaft nahmen Gewerbe und Handel bereits eine relativ bedeutsame Position ein, wozu günstige Verkehrsverbindungen, der Fortfall jeglicher Binnenzölle – ein glückliches Erbe der politischen Vergangenheit des englischen Mittelalters – sowie die bereits herausragende Rolle Londons als Handelsmetropole besonders beitrugen.

Doch alle diese Entwicklungen, Veränderungen und Besonderheiten der englischen Wirtschaft der frühen Neuzeit lassen sich nur mühsam zu den politischen Ereignissen des 17. Jahrhunderts dergestalt in einen

[5] J. Thirsk (ed.), Agrarian History of England and Wales, vol. IV, 1967; E. Kerridge, The agricultural Revolution, 1967.

[6] D. C. Coleman, Industry in Tudor and Stuart England, 1975.

[7] J. U. Nef, The Rise of the British Coal Industry, 1934; ders., The Progress of Technology and the Growth of large-scale Industry in Great Britain 1540–1640, in: E. M. Carus-Wilson, Essays in Economic History I, 1954. Dazu: D. C. Coleman, Industrial Growth and industrial Revolutions, ebd. III, 1962.

Kausalzusammenhang setzen, daß aus ihnen zur Erklärung der Revolution ökonomisch fundierte Klassengegensätze abgeleitet werden könnten.[8] Dergleichen Versuche sind vor allem immer dann zum Scheitern verurteilt, wenn sie auf anachronistischen, vorwiegend dem 19. Jahrhundert entstammenden Klassenbegriffen basieren, um damit die Gesellschaft in Gruppen einzuteilen, deren Mitglieder aufgrund ihrer identischen Stellung im Produktionsprozeß gleiche wirtschaftliche Interessen politisch solidarisch vertreten.[9] Nicht nur verfehlen artifizielle Kategorien wie 'feudal', 'bürgerlich', 'Arbeiterklasse' die soziale Realität, sondern die bereits solchen Begriffen zugrundeliegende Voraussetzung von der Existenz großer, mehr oder weniger homogener, festgefügter sozialer Klassen unterschiedlicher Interessenlage ist darüber hinaus wenig hilfreich, kann vielmehr erheblich in die Irre führen.[10] Wenn die angelsächsische Forschung dennoch häufig von 'class' oder 'class distinction' spricht, dann, weil sie generell einen flexibleren Begriff verwendet, der sich eher mit dem der sozialen Schicht deckt, wobei die Schichtungskriterien nicht ein für allemal verbindlich definiert sind. Dieser weitgefaßte soziologische Klassenbegriff besitzt zudem den Vorzug, daß er nicht erst mühsam den Gegebenheiten der vorindustriellen Epoche angepaßt werden muß, in ihn vielmehr Kategorien einer für die frühe Neuzeit charakteristischen ständischen Gliederung eingehen können, die nicht nur auf ökonomischen Interessensolidaritäten beruhte. Hier ist dann eine historisch durchaus sinnvolle Anwendung etwa unter Berücksichtigung des Sprachgebrauchs und der Statuskonzepte der Zeit, der politischen Machtstellung usw. durchaus möglich, und wenn im folgenden von Klassen die Rede ist, dann ausschließlich in jenem allgemeineren Sinne.

Soziale Gegensätze oder Veränderungen als mögliche Ursachen der Englischen Revolution können nur im Koordinatensystem der englischen Sozialstruktur des 16. und 17. Jahrhunderts erfaßt und sichtbar gemacht werden. Dabei liefert das Selbstverständnis dieser Gesellschaft,

8 Stone, Causes, 54, 71.

9 Zagorin, Court, 21 f. Wilson, XIV f. – Grundlegende methodische Überlegungen bei H. Stuke, Bedeutung und Problematik des Klassenbegriffs. Begriffs- und sozialgeschichtliche Überlegungen im Umkreis einer historischen Klassentheorie, in: U. Engelhardt, V. Sellin, H. Stuke (Hrsg.), Soziale Bewegung und politische Verfassung, Stuttgart 1976, 46 ff.

10 Solche verfehlte Kategoriebildung bes. bei J. Kuczynski, Darstellung der Lage der Arbeiter in England von 1640 bis 1760 (Geschichte der Lage der Arbeiter unter dem Kapitalismus Bd. 22), 1964, der fortwährend von 'Bourgeoisie', 'Arbeitern' usw. spricht.

wie es sich in Schilderungen und Reflexionen von Zeitgenossen niederschlug, einen ersten verläßlichen Zugang.[11]

Die frühneuzeitliche englische Sozialordnung basierte auf den Kategorien einer vielfältigen Statushierarchie, ohne daß immer eindeutige Kriterien zur Abgrenzung der einzelnen Gruppen zur Verfügung standen.[12] An der Spitze der Pyramide thronte der Monarch, unter ihm der Adel – genauer: die Peerage – als zugleich einzige soziale Gruppe, deren Grenzen juristisch definiert waren: Peer des Reiches war, wer Anrecht auf einen Sitz im Oberhaus, im House of Lords, besaß. Diesen wenigen Familien der englischen Aristokratie, ihre Zahl betrug 1640 ca. 160, folgte in der Hierarchie das englische Äquivalent zum niederen Adel des Kontinents: die 'Gentry', deren Mitglieder ca. 3 % der Bevölkerung ausmachten.[13] Im Gegensatz zur Peerage war diese Gruppe der 'Baronets', 'Squires', 'Knights' und schlichten 'Gentleman' juristisch nicht mehr greifbar. Es fehlen klare Kriterien für die Abgrenzung nach unten. Landbesitz war zwar Voraussetzung, aber nicht Qualifikationsmerkmal. Über die Zugehörigkeit zur Gentry entschied letztlich standesgemäße Lebensführung, der Umstand, von den Standesgenossen als ihresgleichen akzeptiert zu werden. Die Tradition einer gemeinsamen politischen Kultur sowie identisches soziales Selbstverständnis begründeten die Homogenität dieser Klasse, die gerade in den Jahren der Revolution das politische Zentrum der Nation darstellte. Eine Stufe tiefer folgte die breite Schicht der übrigen Landbesitzer und Pächter, der 'Freeholders' und 'Copyholders', an deren Spitze die sog. 'Yeomen' standen, die wohlhabendsten und angesehensten unter den zahlreichen Bauern ('Husbandmen') und damit mögliche Anwärter auf den Aufstieg in die Gentry. In den Umkreis der kleinen Bauern und

[11] Für das 16. Jh. sind als zentrale Quellen zu nennen: Sir Thomas Smith, De republica Anglorum, ed. L. Alston, 1906; Thomas Wilson, The State of England 1600, ed. F. J. Fisher, 1936. Für das späte 17. Jh. vgl. bes. Gregory King, Natural and Political Observations and Conclusions upon the State and Conditions of England, 1696, ed. G. E. Barnett, 1936.

[12] Zur Einführung in diesen Themenbereich: P. Laslett, The World We have lost, 1965; L. Stone, Social Mobility in England 1500–1700, PP XXXIII, 1966; jetzt auch in: P. Seaver, Seventeenth Century England. Society in an Age of Revolution, 1976.

[13] Über den Adel vgl. L. Stone, The Crisis of the Aristocracy 1558–1641, 1965; dazu kritisch bes. D. C. Coleman, The Gentry-Controversy and the Aristocracy in Crisis, Hist. LI 1966, 165. Zur Gentry s. bes. die zusammenfassende Darstellung von G. E. Mingay, The Gentry. The Rise and Fall of a ruling Class, 1976.

Pächter ordnen sich innerhalb der immer unschärfer werdenden Statusabgrenzungen dann auch die mehr städtischen Berufe wie Händler und Handwerker ein. Die breite Basis der Sozialpyramide bildet die große Masse der Besitzlosen: Landarbeiter und Tagelöhner, Diener, Knechte, Lehrlinge, Soldaten und Matrosen bis hin zu den Witwen, Bettlern und Vagabunden; insgesamt mehr als 50 % der Bevölkerung, die am Rande oder unterhalb des Existenzminimums leben mußten. In einer Gesellschaft, deren Mitglieder zu ca. 90 % auf dem Lande bzw. direkt oder indirekt von der Landwirtschaft lebten und deren Statushierarchie dementsprechend durch agrarische Besitzverhältnisse bestimmt war, bereitete schon den Zeitgenossen die Einordnung der sog. 'professions' (Juristen, Gelehrte, Ärzte, Mitglieder des gehobenen Klerus) wie auch der Kaufleute Schwierigkeiten. Sir Thomas Smith rechnete z. B. alle Nichtgrundbesitzer, d. h. auch reiche Fernkaufleute rigoros zu der Schicht der "proletarii . . . men which do not rule",[14] obwohl sie in der Hierarchie der Einkünfte oft ganz oben zu finden waren. Eine solche, schon damals konservative Einschätzung entsprach zwar nicht ganz der Realität, aber aufs Ganze gesehen standen jene Berufe im Sog der konventionellen Rangvorstellungen, und der erfolgreiche Kaufmann trachtete stets danach, sich baldmöglichst durch den Erwerb von Landbesitz in die Gentry einzuordnen, so daß ein Äquivalent zum mitteleuropäischen städtischen Patriziat letztlich in England nicht existierte. Diese allgemein erstrebte Zuordnung zur Gentry fiel dabei den Mitgliedern der klassischen 'professions' wesentlich leichter; nicht zuletzt, weil sie sich größtenteils aus den jüngeren Söhnen von Aristokratie und Gentry rekrutierten, wurden sie im allgemeinen zu den 'gentlemen' gerechnet. Die 'neuen Klassen' traten somit nicht als Vorkämpfer einer neuen Ordnung zu den etablierten Mächten in ein antagonistisches Verhältnis, sondern bemühten sich mit Erfolg um Anpassung und Assimilation. Dabei verwies dieser Prozeß auf ein entscheidendes Charakteristikum der englischen Sozialordnung der frühen Neuzeit: die Gesellschaft kennt trotz der sie formenden Statushierarchie keine starren, unüberschreitbaren Schranken, sie ist nicht streng ständisch gegliedert. Selbst dort, wo eine deutliche Trennlinie markiert war, zwischen Peerage und Gentry, bestand keine gesellschaftliche Barriere. Nicht zuletzt aufgrund der durch strenge Primogenitur geschaffenen Verhältnisse, die alle jüngeren Söhne von Titeln und meist auch Familienbesitz ausschlossen, existierten keine unüberwindbaren ideologischen oder gewohnheitsrechtlichen Hindernisse für

[14] Tho. Smith, 46.

den sozialen Aufstieg. Lediglich gewisse materielle Voraussetzungen, speziell in der Form von Grundbesitz – 'real property' – mußten in der Regel erfüllt sein.

Diese Flexibilität der Sozialordnung repräsentiert die Kehrseite der hierarchischen Struktur. Wenn Shakespeare z. B. in der berühmten Rede des Odysseus in ›Troilus und Cressida‹ – eine Passage, die immer wieder zur Illustration der elisabethanischen englischen Gesellschaft herangezogen wird – "degree" als generelles Ordnungsprinzip feierte, dann stellte er diese Rangordnung zugleich als erklimmbare Stufenleiter und nicht als rigides Kastensystem dar.[15]

Die zunächst aus dem Selbstverständnis der Zeit abgeleitete Statushierarchie findet auch unter verändertem Blickwinkel, etwa unter Berücksichtigung der Besitz- und Machtverhältnisse, ihre Bestätigung. Unter ökonomischem Aspekt verlief dabei die einschneidende Trennungslinie zwischen Steuerzahlern auf der einen und der großen Menge der auf Unterstützung Angewiesenen auf der anderen Seite.[16] Politisch gesehen waren zwei Barrieren bedeutsam: einmal die zwischen Wahlberechtigten und politisch Rechtlosen, zum andern die bedeutsamere zwischen Regierenden und Regierten, die im wesentlichen Aristokratie und Upper-Gentry von dem Rest der Engländer trennte.[17] Peter Laslett hat in diesem Zusammenhang von der "One class society" des vorindustriellen England gesprochen, in der nur eine kleine Elite die politische Nation verkörperte und andere Schichten keine Möglichkeit besaßen, auf die Politik des Landes spürbaren Einfluß zu nehmen.[18] Diese nicht unumstrittene Klassifizierung [19] verweist jedoch auf einen zentralen und letztlich unbestrittenen Aspekt der Englischen Revolution: diese war kein Konflikt zwischen arm und reich, Herrschenden

[15] Shakespeare, Troilus and Cressida, I, 3: "O! When degree is shak'd, which is the ladder to all high designs . . . Take but degree away, untune that string, and hark! what discord follows!" Dazu vgl. bes. E. M. W. Tillyard, The Elisabethan World Picture, 1943.

[16] Gregory King unterschied daher für das Jahr 1688 in einer resümierenden Bilanz zwischen „zum Reichtum des Königreichs beitragenden" und „den Reichtum des Königreichs vermindernden Personen". (Diese Tabelle auch bei C. B. Macpherson, The political Theory of possessive Individualism. Hobbes to Locke, 1962, hier nach der dt. Ausg., ders., Die politische Theorie des Besitzindividualismus. Von Hobbes bis Locke, 1967, 312 f.)

[17] Vgl. dazu auch u. S. 29 f.

[18] Laslett, 24, 28.

[19] Vgl. bes. C. Hill, Change and Continuity in Seventeenth Century England 1975, 213 ff.

und Beherrschten, sondern Auseinandersetzung innerhalb der dominierenden Schicht.[20] Soziale Fronten, wenn es sie gegeben haben sollte, müßten daher im Rahmen der 'herrschenden Klasse' aufgespürt werden.

Diesen Versuch unternahm Richard Tawney und löste damit eine der heftigsten wie auch fruchtbarsten Kontroversen im Bereich der englischen historischen Forschung der letzten fünfzig Jahre aus. Das zentrale Thema Tawneys wissenschaftlicher Arbeit war die Entstehung des Kapitalismus in England, die er für das 16. und 17. Jahrhundert ansetzte. Nach ersten großen Studien über die Entwicklung der Agrarökonomie im 16. Jahrhundert und das Verhältnis von Puritanismus und Kapitalismus [21] veröffentlichte er 1941 seinen berühmten Aufsatz über ›The Rise of the Gentry‹, in dem er neue Wege für die Analyse der Entstehungsgeschichte der Englischen Revolution wies [22].

Ausgangspunkt seiner Thesen war die Entdeckung bedeutsamer Verschiebungen im Bereich der Besitzverhältnisse von Grund und Boden während des Jahrhunderts vor der Revolution zugunsten der Gentry und auf Kosten von Krone und Kirche. Die Gentry, so Tawney, konstituierte sich eigentlich erst jetzt, als die neue Schicht derjenigen, die sich am besten den Anforderungen einer veränderten wirtschaftlichen Situation im Zeitalter einer allgemeinen Inflation anzupassen verstanden: fortschrittliche Grundbesitzer, wohlhabende Kaufleute, Angehörige der 'professions' – eine scheinbar heterogene Gruppe, im Sozialgefüge unterhalb der Aristokratie angesiedelt, deren Homogenität sich auf ökonomische Rationalität gründete, wobei die Anwendung moderner Wirtschafts- und Produktionsformen in der Agrarökonomie zur Steigerung der Rentabilität der Güter eine herausragende Rolle spielte. Die verstärkte Mobilität auf dem Sektor des Grundbesitzes, die vor allem durch die Säkularisation der Kirchengüter als Folge der Reformation eingeleitet worden war, kam im wesentlichen diesem 'progressiven' Element der englischen ländlichen Gesellschaft zugute,

[20] Z. B. Stone, Causes, 54; Wilson, 117. Die letztlich auch durch die Revolution nicht ernsthaft gefährdete Gültigkeit hierarchischer sozialer Konzepte und die darauf beruhende unangefochtene Vorrangstellung des Adels in der englischen Gesellschaft des 17. Jh. betont bes. P. Christianson, The Causes of the English Revolution. A Reappraisal, JBSt XV, (1976).

[21] R. H. Tawney, The Agrarian Problem in the Sixteenth Century, 1912; ders., Religion and the Rise of Capitalism, 1926.

[22] Ders., The Rise of the Gentry, Ec. HR XI (1941), wiederabgedruckt in: Carus-Wilson (ed.), I.

nicht zuletzt auch auf Kosten der hohen Aristokratie, die, stärker an feudale Konventionen gebunden, jetzt erheblich an ökonomischer Macht einbüßte. Die Krise der vierziger Jahre des 17. Jahrhunderts deutete Tawney daher im Anschluß an den zeitgenössischen Republikaner James Harrington als die gewaltsame Anpassung der politischen Struktur des Staates an die veränderten Besitzverhältnisse.[23] Tawneys These vom 'Rise of the Gentry', dem im politischen Bereich der Aufstieg des Parlaments, speziell des die Gentry repräsentierenden Unterhauses entspricht, schien ein für allemal das Problem gelöst zu haben, das Konzept der frühbürgerlichen Revolution mit den Realitäten der frühneuzeitlichen englischen Sozialstruktur zu verbinden. Doch bereits ein Jahrzehnt darauf demolierte Hugh Trevor-Roper mit seinen ebenso brillanten wie polemischen Kritiken die Konstruktion Tawneys, dessen Prämissen, Verfahren und Ergebnisse er grundsätzlich in Zweifel zog.[24]

Trevor-Roper bemängelte vor allem die Unterscheidung von Aristokratie und Gentry, d. h. die Klasseneinteilung Tawneys, die angesichts der sozialen Realität des 16. und 17. Jahrhunderts eng verflochtene Gruppen willkürlich trenne. Statt dessen unterschied er zwischen der 'mere gentry' – jenen Grundbesitzern, die weiterhin versuchten, lediglich von den Erträgen ihrer Güter standesgemäß zu leben und dabei zunehmend in wirtschaftliche Schwierigkeiten gerieten –, und denjenigen, die durch einträgliche Ämter, durch die Gunst des königlichen Hofes sozial und wirtschaftlich aufsteigen konnten. Damit hatte auch Trevor-Roper seine soziale Differenz der Bürgerkriegsparteien etabliert: auf der einen Seite verarmte, hinterwäldlerische Junker, auf der anderen mächtige Höflinge: als 'Court' und 'Country' sollten sich diese beiden Gruppierungen der Gentry dann gegenüberstehen in einem

[23] R. H. Tawney, Harrington's Interpretation of his Age. Proceedings of the British Academy, XXVII, 1941; jetzt auch bei L. Sutherland (ed.), Studies in History. British Academy Lectures, 1966.

[24] H. R. Trevor-Roper, The Elisabethan Aristocracy: an Anatomy Anatomized, Ec. HR 2. ser., III (1951), in der er zunächst die Untersuchung L. Stones, The Anatomy of the Elisabethan Aristocracy, Ec. HR XVIII (1948), die Tawneys These stützen sollte, kritisierte. Die direkte Auseinandersetzung mit Tawney dann in: H. R. Trevor-Roper, The Gentry 1540–1640, Ec. HR Suppl. I 1953. Damit war die sog. 'Gentry-Kontroverse' eröffnet, deren Verlauf hier nicht in allen Aspekten wiedergegeben werden kann. Vgl. dazu bes. L. Stone, Social Change and Revolution in England 1540–1640, 1965, mit einer Auswahl zentraler Exzerpte sowie einer kompletten Bibliographie aller Diskussionsbeiträge.

Konflikt, der nicht zuletzt Ergebnis des sozialen Ressentiments der 'mere gentry' war, die hier gegen die expandierende Bürokratie der frühneuzeitlichen Monarchie rebellierte.[25] Trevor-Roper verkehrte damit die zentralen Hypothesen Tawneys in ihr Gegenteil: (1) politische Macht war nicht die Folge ökonomischen Aufstiegs, sondern umgekehrt, wachsender Wohlstand resultierte aus politischer Machtposition; (2) weder Gentry noch Aristokratie sind als sozioökonomische Klassen zu definieren, die sozialen und damit politischen Trennungslinien laufen quer durch beide Gruppen; (3) intensivierte Landwirtschaft war nicht der Schlüssel zum wirtschaftlichen Aufstieg, der nur über den Hof, die 'professions' oder den Handel erfolgen konnte.

Doch auch dieses brillant formulierte Konzept fand bald seine Kritiker,[26] und sowohl Tawney als auch Trevor-Roper wurden besonders von J. H. Hexter eines zu engen Ansatzes bezichtigt, da sie nach seiner Auffassung politisches Verhalten lediglich als Reflex ökonomischer Situation deuteten.[27] Zugleich entwickelte Hexter seine These vom Machtverlust der Aristokratie, der die Gentry aus der politischen Kontrolle durch den hohen Adel befreite und den Machtzuwachs des House of Commons zur Folge hatte.

In die gleiche Richtung zielte dann die umfangreiche Untersuchung Lawrence Stone's über die Krise der englischen Aristokratie im 17. Jahrhundert.[28] Wenn in deren Verlauf – so Stone – der spürbare wirtschaftliche Niedergang der Peerage sich auch nur auf eine relativ kurze Phase beschränkte und im Laufe des 17. Jahrhunderts die führende Position des Adels wieder gefestigt wurde, so hatte doch die Gentry diese Zeit der Krise genutzt, ihren Landbesitz, ihren Wohlstand und ihre Macht im Vergleich zu dem hohen Adel zu erweitern. Mit diesen vorsichtig formulierten und ausführlich dokumentierten Thesen lieferte Stone seine Variante zu Tawneys 'Rise of the Gentry'. Auch bei Stone ist die Revolution das Ergebnis des Aufstiegs dieser Klasse, der vor allem durch den Machtverlust der Aristokratie möglich wurde, wobei die Monarchie sich ihres natürlichen Bollwerks beraubt sah und so den

[25] Daß es sich dabei nicht um ein speziell englisches, sondern vielmehr generelles Problem der westeuropäischen Entwicklung handelte, bemühte sich Trevor-Roper dann nachzuweisen in: The General Crisis of the Seventeenth Century, PP XVI (1959), XVIII (1960).

[26] S. bes. P. Zagorin, The Social Interpretation of the English Revolution, JEH XIX, 1959.

[27] J. H. Hexter, Storm over the Gentry, Encounter X, 1958; wiederabgedruckt in: ders., Reappraisals in History, 1961.

[28] S. o. S. 14 Anm. 13.

politischen Machtzuwachs der Commons nicht mehr erfolgreich aufhalten konnte.

Mit Tawney, Trevor-Roper und Stone sind die zentralen Positionen der Gentry-Debatte gekennzeichnet, die trotz aller Gegensätze die gemeinsame Grundüberzeugung erkennen lassen, daß eine bestimmte, wenn auch im einzelnen unterschiedlich charakterisierte Form des sozialen Wandels als wesentliche Ursache der Revolution angesehen werden muß. Die generelle Basis all dieser Thesen liefert dabei eine grundsätzliche methodische Prämisse: alle gehen davon aus, daß die jeweiligen sozialen Gruppen relativ exakt gegeneinander abzugrenzen seien. Hier hat Stone zwar den Vorteil, mit der Peerage eine zahlenmäßig faßbare Klasse zu untersuchen, doch lassen sich Einwände gegen das Verfahren, lediglich juristisch relevante Standesschranken zum sozialen Klassifikationsmerkmal zu erheben, nur schwer ausräumen. Nicht nur variierte die Zahl und Zusammensetzung des Adels im Laufe des Jahrhunderts beträchtlich, sondern vor allem war die Grenzlinie zwischen der Peerage und der sog. upper-gentry stets fließend, beide Gruppen überschnitten sich in ihren Lebens- und Einflußbereichen. Ähnliche Vorbehalte müssen für Tawneys 'Rising' und für Trevor-Ropers 'Declining Gentry' gelten. Es steht außer Zweifel, daß ein Teil dieses niederen Adels sozial aufstieg, ein Teil, von wirtschaftlichen Schwierigkeiten bedroht, in seinem Status gefährdet war oder gar gemindert wurde. Aber weder Umfang noch Homogenität dieser Klassen konnten bisher überzeugend aufgezeigt werden. Hier fehlen statistische Unterlagen, und es erscheint äußerst zweifelhaft, ob diese Thesen jemals durch empirisches Material erhärtet werden können. Im Gegenteil: die Gentry-Kontroverse hatte vor allem daran gekrankt, daß vorschnell aufgrund dürftigen statistischen Materials (Tawney) [29] oder ausgewählter zeitgenössischer Aussagen (Trevor-Roper) [30] generalisierende Resümees gewagt wurden. Damit waren jedoch wichtige Impulse für regionalgeschichtliche Untersuchungen geliefert, die dann erste zuverlässige Aussagen über einzelne Aspekte der sozialen Situation der Gentry wie Einkünfte, Bewirtschaftungsmethoden, Investitionen usw. zuließen.[31] Die so gewonnenen Erkenntnisse haben nun die ursprüng-

[29] Dazu bes. Hexter sowie J. P. Cooper, The Counting of Manors, Ec. HR, 2. ser. VIII, 1956.

[30] Z. B. die Aufzeichnungen des Prototyps der 'declining gentry', Sir John Oglanders: A Royalist's Notebook, ed. F. Bamford, 1936.

[31] A. Simpson, The Wealth of the Gentry 1540–1640. East Anglia Studies, 1961; M. Finch, The Wealth of five Northamptonshire Families 1540–1640,

lichen Ausgangspositionen in hohem Maße relativiert: Zweifellos gab es sowohl 'rising' als auch 'declining gentry', doch dabei war eher die "personality of the individual landowner" als ein genereller ökonomischer Trend der entscheidende Faktor,[32] und darüber hinaus machen regionalgeschichtliche Spezialstudien immer wieder deutlich, daß ein großer Teil der Gentry weder auf- noch abstieg, sondern seine Position im politischen Koordinatensystem der jeweiligen Region unverändert behauptete.

Das nahezu paradoxe Resultat der Gentry-Kontroverse ist mithin die Erkenntnis, daß vor Ausbruch der Englischen Revolution im Bereich der politisch aktionsfähigen englischen Führungsschicht keine großen homogenen sozialen Gruppen bestanden, deren politische Zielsetzungen sich aus der Identität der jeweiligen ökonomischen Interessen ableiten ließen. In diesem Sinne läßt sich eine direkte Kausalverbindung von sozialem Wandel und Revolution nicht herstellen. Lawrence Stone hat daher in seinen jüngsten Veröffentlichungen nur noch sehr vorsichtig als allgemeine Voraussetzung der Revolution lediglich auf das erhöhte Maß an sozialer Mobilität während der Jahrzehnte vor 1640 verwiesen.[33] Insgesamt gesehen nimmt die Zahl der Familien im Bereich der Oberschicht zu, die Verhältnisse der einzelnen Status-Gruppen zueinander geraten in Bewegung, nicht zuletzt durch den vorübergehenden Machtverlust der Peerage, und einzelne Individuen demonstrieren in ihren Karrieren die wachsende vertikale wie horizontale soziale Mobilität. Allgemeine Unruhe und Unzufriedenheit seien die Folgen dieser Veränderungen gewesen, folgert Stone; etablierte Schichten oder auch nur herrschende Familien sahen sich in ihrer Position durch homines novi bedroht – andererseits waren soziale Aufsteiger in ihren hochgesteckten politischen Ambitionen frustriert. Die überkommene, die Gesellschaft tragende Status-Ordnung schien gefährdet, eine Atmosphäre allgemeiner Verunsicherung im Bereich der Führungsschicht schuf wichtige Voraussetzungen für den Verfall traditionaler Loyalitäten und damit für die Entstehung einer revolutionären Situation. Dennoch bleibt fraglich, inwiefern angesichts der Tatsache, daß ein gewisses Maß an sozialer Mobilität ein generelles Strukturmerkmal der englischen Sozialordnung der frühen Neuzeit war, hier solche zwar spürbaren, aber keineswegs spektakulären quantitati-

1957; J. T. Cliffe, The Yorkshire Gentry from the Reformation to the Civil War, 1969; H. A. Lloyd, The Gentry of South-West Wales 1540–1640, 1968.

32 Finch, 170.

33 Stone, Social Mobility, passim; ders., Causes, 72–76.

ven Differenzen bereits neue Qualität begründen. Sozialer Wandel im späten 16. und frühen 17. Jahrhundert liefert einen Aspekt der allgemeinen Voraussetzungen der Englischen Revolution, deren Ursachen in anderen Bereichen begründet sind.

2. *Verfassung und Staatskrise*

"The dissolution of this government caused the war, not the war the dissolution of this government" – dieses epigrammatische Urteil James Harringtons ist heute kaum umstritten,[34] aber es führt zu neuen weitergehenden Fragen nach den Ursachen, den Faktoren und dem Umfang der Auflösungserscheinungen der Jahre 1640–1642, nicht nur im Bereich der Zentralregierung, sondern der Verfassung überhaupt. Die von sozialgeschichtlichen Problemstellungen her entwickelten Lösungen haben, wie gezeigt, keine befriedigende generelle Deutung des Ursachenkomplexes liefern können. Die im letzten negativen Resultate der Gentry-Kontroverse verweisen den Historiker erneut auf den Bereich der Innenpolitik, lassen die Auseinandersetzungen um die Verfassung des Staates wieder in den Mittelpunkt des wissenschaftlichen Interesses rücken.

Auch die klassische Whig-Interpretation hatte sich vornehmlich auf den Konflikt zwischen Krone und Parlament konzentriert und diesen als die Verteidigung der alten freiheitlichen Verfassung gegen die finsteren Ränke der Stuarts gedeutet. Dabei gewann der heroische Kampf des Unterhauses vor dem Hintergrund einer europäischen Entwicklung, die gänzlich im Zeichen des Ausbaues des monarchistischen Absolutismus stand, eine zusätzliche weltgeschichtliche Dimension: allein die siegreichen englischen Revolutionen des 17. Jahrhunderts bildeten die zukunftsträchtige Alternative zum kontinentalen 'Despotismus' durch die Etablierung der parlamentarischen Souveränität.[35] Wesentliche Prämisse dieser klassischen liberalen Deutung war dabei die These von der Eigenart und Einmaligkeit der überkommenen englischen Verfassung, die sowohl den Konflikt wie die daraus erwachsene Suprematie des Parlaments in eine große historische Kontinuität stellte.

Die erneute Hinwendung zu den innen- und verfassungspolitischen Ursachen der Revolution bedeutet nun keineswegs die vorbehaltlose

[34] J. Harrington, Oceana, 1737, 70. Dazu Stone, Causes, 48; Russell, Origins, 12.

[35] Die knappste, klassische Formulierung dieser Doktrin bei Trevelyan, Einleitung.

Rückwendung zu der heroisierenden, moralisierenden Betrachtungsweise der Whig-Interpretation. Zwar fehlt hier bislang die wegweisende Gesamtdeutung, aber erste Ansätze zu einer neuen Analyse von Staat und Politik der frühen Stuart-Zeit lassen kritische Alternativen deutlich werden.[36] Dabei haben jüngere vergleichende, typologische Untersuchungen vor allem die schroffe Gegenüberstellung von kontinentalem Despotismus und englischem Konstitutionalismus erheblich korrigiert.[37] Indem auf der einen Seite die führende Rolle des Monarchen im England des 16. und frühen 17. Jahrhunderts und auf der anderen Seite die rechtlichen Bindungen und ständischen Elemente des kontinentalen Absolutismus betont werden,[38] bedarf es heute einer eingehenderen Analyse der englischen Verfassung, um eventuelle Besonderheiten dieser Konstitution als strukturelle Ursachen der Revolution festzustellen.

Die selbstverständlich ungeschriebene Verfassung des frühneuzeitlichen England am Vorabend der Revolution[39] verkörperte die Prinzipien der nach dem Verständnis der Zeit unumstritten besten, da natürlichen und gottgewollten Staatsform – der Monarchie. Der herausragenden, mit sakraler Weihe versehenen zentralen Position des Herrschers an der Spitze des Staates entsprachen exzeptionelle Machtfülle, eine Vielzahl von Privilegien. Der Monarch besaß die alleinige Entscheidung über Krieg und Frieden, befehligte sämtliche Truppen zu

[36] Wichtige Ansätze hierzu bei C. Russell, Origins, sowie K. Sharpe (ed.), Faction and Parliament. Essays on Early Stuart History, 1978, wobei hier bes. auf die Einleitung des Herausgebers sowie auf die Beiträge von G. L. Harris (Medieval Doctrines in the Debates on Supply 1610–1629) und D. Hirst (Court, Country, and Politics before 1629) verwiesen sei.

[37] Vgl. bes. A. R. Myers, Parliaments and Estates in Europe to 1789, 1976; ders., The Parliaments of Europe and the Age of the Estates, Hist LX (1975); H. G. Koenigsberger, Dominium Regale and Dominium Politicum et Regale: Monarchies and Parliaments in Early Modern Europe, in K. Bosl (Hrsg.), Der moderne Parlamentarismus und seine Grundlagen in der ständischen Repräsentation, 1977.

[38] F. Hartung, R. Mousnier, Quelques Problèmes concernant la Monarchie Absolue. Relazioni del X Congresso Internazionale di Scienze Storiche, IV, Storia Moderna, 1955, 4 ff., 21 ff. Diese Thesen unterstützt C. Hill, Atti del x Congresso Internazionale, 1957, 438.

[39] Die besten Einführungen in diesen Komplex: G. R. Elton, The Tudor Constitution. Documents and Commentary, 1960; J. P. Kenyon, The Stuart Constitution. Documents and Commentary, 1966, jeweils mit ausführlicher Bibliographie.

Wasser und zu Lande, verfügte über die Münzhoheit und den Staatsschatz. Die Amtsträger des Staates, die Richter und seit der englischen Reformation auch die obersten Würdenträger der Kirche wurden von ihm ernannt und abgesetzt, Untertanen durch ihn geadelt. Er war nicht nur die Quelle des Rechts, sondern als Haupt der anglikanischen Staatskirche stand ihm sogar die Entscheidung in Fragen des Glaubens und der Liturgie zu.

Doch dieser nahezu absoluten monarchischen Gewalt der englischen Könige waren sowohl theoretische als auch praktische Grenzen gezogen. Nach wie vor galt in der Staatslehre die mittelalterliche Maxime, daß die königliche Macht weder grenzenlos sein könne noch willkürlich gehandhabt werden dürfe, sondern an das ewige und damit vorzeitliche, überstaatliche Recht gebunden sei: 'debet rex esse sub lege' – die Formel des großen Juristen Bracton aus dem 13. Jahrhundert besaß noch immer ihre Gültigkeit. In der Praxis entsprach dieser Einschränkung die Bindung der monarchischen Legislative an die Mitwirkung des Parlaments. Akte der Gesetzgebung, die nach Anwendung herrschender Rechtslehre nur Deutung, Erklärung bestehenden Rechts sein konnten ('to declare law'), bedurften als 'Statutes' der Zustimmung des 'High Court of Parliament', wie umgekehrt geltende Statuten nicht vom König einseitig aufgehoben werden konnten.[40] Theoretisch uneingeschränkt war hingegen die Macht des Königs im Bereich der Exekutive, der Außenpolitik und der Verwaltung. Zur Durchführung allgemeiner Gesetze notwendige Erlasse ('proclamations') ergehen ohne parlamentarische Mitwirkung, sie erstreckten sich oft auf einen weiten, niemals genau abgegrenzten Kompetenzbereich und waren letztlich nur durch den Grundsatz eingeschränkt, daß durch Verordnungen des Königs und seines Rates keine Leben oder Eigentum der Untertanen tangierenden neuen Straftatbestände geschaffen werden durften.

Geradezu symbolhaft drückt sich die zwischen Absolutismus und Konstitutionalismus angesiedelte Verfassungsposition des englischen Königs in der sogenannten königlichen 'Prärogative' aus, einem im einzelnen nicht exakt definierbaren Bündel von Sonderrechten, die der herausragenden Stellung des Monarchen entsprechen und ihn in den Stand versetzen, seine Aufgaben als Haupt des Staates wahrzunehmen. Verkürzt läßt sich diese Prärogative als die absolute Gewalt charakterisieren, die in Ausnahmesituationen zum Wohle des Staates eingesetzt werden kann. Damit war zugleich der notwendige Spielraum für

[40] C. H. McIlwain, The High Court of Parliament, 1910, repr. 1934.

politisches Handeln der staatlichen Zentralgewalt gewährleistet, wobei der letzte Rechtsgrund dieser königlichen Prärogativgewalt umstritten blieb und während der staatsrechtlichen Debatten des 17. Jahrhunderts oftmals im Mittelpunkt stehen sollte.[41] Beides: 'proclamations' wie auch 'prerogative power' konnten Ansatzpunkte liefern für eine Regierungspraxis unter weitgehender Ausschaltung parlamentarischer Mitwirkung an der Gesetzgebung, wie sie tatsächlich auch unter der späten Elisabeth und den frühen Stuarts versucht wurde, wobei dann die englische Monarchie deutlich in die Nähe des kontinentalen Absolutismus rückte.[42] Wie hier auf der einen Seite theoretische Limitierungen monarchischer Zentralgewalt in der Praxis aufgeweicht bzw. verschoben werden konnten, so bestanden andererseits Einschränkungen der theoretisch niemals angezweifelten Exekutivgewalt des Königs durch Gegebenheiten und Erfordernisse der Regierungspraxis. So war der König zwar grundsätzlich frei in der Wahl seiner Berater, die er im zentralen Regierungsorgan des 'Council' um sich versammelte, tatsächlich hingegen waren hier in der Regel die Vertreter der angesehensten und einflußreichsten Adelsfamilien meist angemessen berücksichtigt. Als dieses Gleichgewicht sich später unter den Stuarts durch die einseitige Bevorzugung königlicher Favoriten verschob, erwuchsen daraus dem Monarchen prompt zusätzliche Widerstände und Schwierigkeiten. Die zentrale Staatsverwaltung war keine Stütze des Königtums, kein Bollwerk des Staates, sie war speziell unter Karl I. vor Ausbruch der Revolution in ihrer Effektivität durch ständige politische Kompromisse, durch die Ansprüche, Interessen und Faktionen großer Magnaten geschwächt.[43] Schwerer jedoch noch wog der generelle Mangel einer das ganze Land erfassenden staatlichen Bürokratie.[44] Zwar hatte in England die monarchische Zentralgewalt relativ früh die Konkurrenz regionaler politischer Partikulargewalten ausschalten können, aber die Effizienz der Staatsverwaltung hing gerade auch in der

[41] Dazu bes. G. A. Ritter, Divine Right und Praerogative der englischen Könige 1603–1640, HZ XCCVI (1963), wiederabgedruckt in: ders., Parlament und Demokratie in Großbritannien, 1972.

[42] Auf diese Entwicklung hat aufmerksam gemacht R. W. K. Hinton, The Decline of Parliamentary Government under Elisabeth I and the Early Stuarts, CHJ XIII (1957), S. auch u. S. 30 ff.

[43] G. E. Aylmer, The King's Servants. The Civil Service of Charles I. 1625–42, 1961.

[44] C. V. Wedgwood, The Causes of the English Civil War, History Today V (1955), 671, erblickt darin sogar die Hauptursache für die politische Instabilität der Stuart-Monarchie.

frühen Neuzeit in hohem Maße von der reibungslosen Zusammenarbeit mit den Organen der lokalen Selbstverwaltung ab.[45]

'Self-Government of the King's Command' – auf diese Formel läßt sich die Verwaltung auf dem Lande und in den städtischen Kommunen verkürzen. Geradezu symbolhaft verdichtet erscheint das Wesen dieser Form der Administration in dem Amt des Friedensrichters.[46] Die 'Justices of the Peace' bildeten schon vor der Tudor-Zeit das Rückgrat der Lokalverwaltung; sie übten nicht nur die niedere Gerichtsbarkeit aus, sondern nahmen in erster Linie Verwaltungsaufgaben wahr, indem sie die Durchführung der Statuten und Proklamationen der Zentralregierung kontrollierten. In typischer Vermengung von judikativer und administrativer Funktion überwachten sie die Armenfürsorge, den Straßen- und Brückenbau, die Lehrlingsausbildung, die Einhaltung von Höchstpreisen und Mindestlöhnen und dergleichen mehr. Die Inhaber dieses wichtigen Amtes wurden von der Krone ernannt und ihre Amtsführung vom Staatsrat kontrolliert, es hatte sich jedoch schon seit dem 15. Jahrhundert die Praxis herausgebildet, daß der König seine Ernennungen aus dem Kreise der ansässigen wohlhabenden Gentry der jeweiligen Grafschaft vorzunehmen hatte, so daß eine funktionstüchtige Staatsverwaltung auf der Kooperation von Krone und Führungsschicht beruhte. Der Krone blieb der letztlich unerschwingliche Ausbau einer umfassenden staatlichen Bürokratie damit erspart; die Mitglieder der Gentry, die mit einem solchen Amt betraut wurden, sahen sich in ihrem Einfluß gestärkt und trachteten danach, durch gewissenhafte Amtsführung solch prestigekräftige Position nicht zu verlieren. So profitierten beide Seiten von einer Allianz, die jedoch, gemessen an der Norm des monarchistischen Absolutismus, eine spürbare Einschränkung königlicher Machtfülle implizierte.

Deutlicher noch als auf der Ebene der Lokalverwaltung war die Limitierung monarchischer Gewalt an der Spitze des Staates durch die

45 Das Standardwerk von S. und B. Webb, English Local Government from the Revolution to the Municipal Corporations Act, 1689–1885, 9 vols., 1906–1929, muß für die frühe Zeit bislang noch ergänzt werden durch den zusammenfassenden Überblick bei E. P. Cheyney, History of England from the Defeat of the Armada to the Death of Elisabeth, 2 vols., 1914–26, sowie durch die modernen regionalgeschichtlichen Studien von W. B. Willcox, Gloucestershire: a Study in Local Government 1590–1640, 1940; T. G. Barnes, Somerset 1625–1640: a County's Government during the personal Rule, 1961; J. Hurstfield, County Government 1530–1660, in: Victoria County History. Wiltshire, V (1957).

46 M. Dalton, The Country Justice, 1622 u. ö., die zentrale Quelle.

Rechte des englischen Parlaments. Diese Institution, auf deren komplizierte Entstehungsgeschichte hier nicht eingegangen werden kann,[47] ist zu Beginn der englischen Neuzeit ebenso selbstverständlicher wie wesentlicher Bestandteil der englischen Verfassung. Dabei lassen sich Funktion, Rechte und Aufgaben des Parlaments am ehesten auf die Formel bringen: Konsens auf der Grundlage von Repräsentation. Da der Rechtsüberzeugung der Zeit zufolge jeder Engländer im Parlament entweder persönlich im Oberhaus oder durch gewählte Abgeordnete im Unterhaus vertreten war, repräsentierte dieses Gremium theoretisch die gesamte Nation. Vor allem auf dieser Prämisse basierte das zentrale Recht der Steuerbewilligung: seit Anfang des 14. Jahrhunderts war es der englischen Krone nur noch mit Zustimmung des Parlaments – speziell des Unterhauses – möglich, direkte Steuern, das hieß damals außerordentliche Abgaben, rechtmäßig zu erheben. Dies sowie das schon erwähnte Recht auf Mitwirkung an der Gesetzgebung, das sich aus der ursprünglichen Funktion des mittelalterlichen Parlaments als 'Great Council' herleitete, wiesen den englischen Staat des 16. und 17. Jahrhunderts als eingeschränkte Monarchie aus, deren Souveränität nicht bei der Krone allein, sondern beim 'King in Parliament' angesiedelt war – wiederum eine Formel der zeitgenössischen Staatslehre, die auf jene typische Machtbegrenzung durch Kooperation hinweist.

Hatte man früher die Stellung des Parlaments als Besonderheit der englischen Verfassung verstanden und die Revolution vor allem als Entscheidungskampf um den alleinigen Besitz der bis dato verteilten Souveränität verstanden,[48] so erscheinen heute im Lichte vergleichender Untersuchungen Position und Funktion des englischen Parlaments lediglich als Variante im großen Zusammenhang der Entwicklung des europäischen Ständestaates. Zumindest in den meisten west- und mitteleuropäischen Ländern existierten ähnliche ständische Vertretungen, die oftmals weitgehende politische Rechte besaßen und durch ihr Steuerbewilligungsrecht Kontrollfunktionen gegenüber der Krone ausüben konnten. Dennoch wäre es falsch, angesichts solcher genereller Parallelen jegliche strukturelle Eigentümlichkeit der englischen Verfassung auszuschließen.

Wenn sich auch das englische Parlament vor den entsprechenden ständischen Institutionen anderer Staaten nicht durch besondere Rechte

[47] Statt dessen sei hier lediglich verwiesen auf die nützliche Textsammlung von P. Spufford, Origins of the English Parliament, 1967, sowie das klassische Werk von A. F. Pollard, The Evolution of Parliament, 2. Aufl. 1926.

[48] So bes. G. L. Mosse, The Struggle for Sovereignty in England from the Reign of Queen Elisabeth to the Petition of Right, 1950.

auszeichnete, so nahm es doch aufgrund seiner homogenen Zusammensetzung, seiner engen Bindung an die politische Nation und seiner Tradition eine herausragende Position im europäischen Kontext ein.

Im Unterschied zu der Drei-Teilung von Adel – Geistlichkeit – Dritter Stand, die z. B. den französischen Generalständen zugrunde liegt, besaß der Klerus im englischen Zwei-Kammer-Parlament keine gesonderte Vertretung, und nach der Reformation waren nur noch die Bischöfe Mitglieder des Oberhauses; die 'Convocation' als generelle Vertretung der Geistlichkeit war schon im 16. Jahrhundert zur politischen Bedeutungslosigkeit herabgesunken. Noch entscheidender war die relativ enge Verbindung von Oberhaus und Unterhaus sowie die Zusammensetzung der Commons, bei denen neben den zahlreichen Repräsentanten der Gentry auch Mitglieder der 'professions' sowie einige Kaufleute zu finden waren. Das englische Parlament repräsentierte somit nicht nur adäquat die soziale Elite des Landes, seine Zusammensetzung und Arbeitsweise entsprach darüber hinaus der Flexibilität der Statusordnung der Gesellschaft. Das heißt, im Gegensatz zu vielen kontinentalen Versammlungen ließ sich das englische Parlament nicht in rivalisierende ständische Interessen auseinanderdividieren, die u. U. als Ansatzpunkte für eine politische Offensive der Monarchie dienen konnten.[49] Außerdem besaß es, da in England die Entwicklung der ständischen Institution parallel zum Ausbau der staatlichen Zentralgewalt vonstatten gegangen war, in den Grafschaften keinerlei Konkurrenz, stellte vielmehr das wirksame Bindeglied zwischen Lokalgewalt und Zentralgewalt dar. Konzentration und relative Homogenität der ständischen Gewalt lieferten daher in England eine wichtige Voraussetzung für den eventuellen Ausbau einer eigenständigen politischen Position. Des weiteren waren für das politische Gewicht dieser Versammlung die enge Verbindung mit den Selbstverwaltungsorganen sowie die verhältnismäßig breite Wählerbasis des Unterhauses von erheblicher Bedeutung. Entgegen herkömmlichen Vorstellungen haben neue Forschungen nachweisen können, daß aufgrund einer ständigen Expansion des Wahlrechts im Laufe der Jahrzehnte vor der Revolution in den Grafschaften wie auch in den selbständigen Kommunen (boroughs) 1640 wohl fast 40 % der männlichen erwachsenen Bevölkerung wahlberechtigt waren.[50] Das heißt nicht, daß damit die politische Führungsrolle von Adel und Gentry bedroht oder auch nur

[49] Vgl. J. P. Cooper, Differences between English and Continental Governments in the 17th. Century, in: J. S. Bromley, E. H. Kossman (eds.), Britain and the Netherlands, I, 1960, 77.

in Frage gestellt war, wohl aber bedeutet es, daß Kontakte zwischen dieser Elite und weiteren Schichten der Bevölkerung in zunehmendem Maße stattfanden, weil sie politisch notwendig wurden. In dieser Beziehung bedarf Lasletts These von der 'one-class society' der Korrektur; "England on the eve of the Civil War cannot be classed as politically closed" – auch dies eine Besonderheit englischer Zustände, die für den Verlauf der Revolution von Bedeutung sein sollte.[51]

Neben dergleichen strukturellen Faktoren war die Geschichte des englischen Parlaments während der Herrschaft der Tudors für seine verfassungsrechtliche Position von eminenter Bedeutung. Besonders durch seine Mitwirkung an den neuen Fundamentalgesetzen der englischen Reformation hatte es sich seinen Platz im Rahmen der Verfassung gesichert und so – durch die widerspruchslose Unterstützung der entschiedenen Politik des selbstbewußten Heinrich VIII. – die Voraussetzung für eine spätere antimonarchische Politik geschaffen. Schon unter Elisabeth waren erste deutliche Anzeichen eines politischen Eigenlebens des Parlaments zu spüren gewesen. Auf die Frage, inwiefern die Tudors den Versuch unternommen hatten, die monarchische Zentralgewalt vollends aus den Fesseln parlamentarischer Mitsprache und Kontrolle zu befreien, kann hier nicht eingegangen werden.[52] Manches spricht allerdings für die These, daß die englische Verfassung zu Beginn des 17. Jahrhunderts einen Kompromiß zwischen Krone und erstarkten traditionalen ständischen Gewalten darstellte, der das Ende einer gescheiterten ersten monarchischen Offensive beinhaltete. Wie die Machtverteilung im Bereich der Zentralgewalt sowie der Lokalverwaltung deutlich machte, war die englische Monarchie in hohem Maße auf die Unterstützung durch Adel und Gentry angewiesen. Die Funktionsfähigkeit des englischen Staates beruhte auf dem Konsens und der Kooperation des maßgeblichen Teils der politischen Führungsschicht. Stärke wie auch Schwäche der englischen Monarchie bestanden darin, daß nur schwerlich gegen den Willen der politischen Nation, wie sie

50 Nachdem J. H. Plumb in seinem Aufsatz ›The Growth of the Electorate in England from 1600 to 1715‹ (PP XLV, 1969) erstmals auf diesen Trend aufmerksam gemacht hatte, liegt nun für die Zeit vor der Revolution die gründliche Studie von D. Hirst vor: The Representative of the People? Voters and Voting in England under the Early Stuarts, 1975.

51 Hirst, 191.

52 Gegen die These von der verfassungsbewußten Herrschaft Heinrichs VIII. und Thomas Cromwells (G. R. Elton, England under the Tudors, 1955) jetzt J. H. Hurstfield, Was there a Tudor despotism after all? TRHS V, 17 (1967). S. dazu auch Stone, Causes, 59.

im Parlament vertreten war und die Lokalverwaltung kontrollierte, regiert werden konnte,[53] daß aber andererseits, wie in den ersten Jahren Elisabeths, der englischen Politik aus dieser Verbindung ein starkes Fundament erwachsen konnte.

Um Mißverständnissen vorzubeugen: das heißt nicht, daß hier der König zum Agenten einer herrschenden landbesitzenden Klasse degradiert ist – eine solche Konzeption [54] würde zu Unrecht die Existenz einer homogenen Klasse voraussetzen sowie deren Vermögen, positive politische Zielvorstellungen zu entwickeln und durchzusetzen. Das heißt aber sehr wohl, daß im Kontext der englischen Verfassungsstruktur zu Beginn des 17. Jahrhunderts eine Politik gegen die vitalen Interessen der sozial relevanten Gruppen – sofern und sobald sich hier Gemeinsamkeiten herstellen ließen – auf die Dauer zu einer Krise des Staates führen mußte.

Eine grundlegende strukturelle Voraussetzung der englischen Staatskrise des 17. Jahrhunderts war zweifellos die labile Basis der Verfassung, die sich auf das Gleichgewicht bzw. die Kooperation von Krone und politisch-sozialer Elite gründete. Ist diese Balance gestört, zerfällt der sie tragende Konsens, dann ist die von Harrington beobachtete 'dissolution of Government' die notwendige Folge. Damit aber ist die Frage nach den Ursachen der Revolution heute zu Recht wieder auf deren politische Vorgeschichte, genauer: auf die wechselvollen Auseinandersetzungen zwischen Parlament und Krone zurückgeführt.

Wenn so die Frage nach den Ursachen der Revolution in Darstellung und Analyse der Vorgeschichte dieser Revolution mündet,[55] wird zugleich oft nach dem 'Schuldigen' gefragt bzw. – historisch korrekter – der Anstoß zur Auflösung des Verfassungsgleichgewichts entweder in der Politik der Krone oder der des Parlaments gesucht und gesehen.[56] Überprüft man unter solchem Blickwinkel die Politik der ersten Stuarts, so deutet vieles auf eine Offensive der Krone mit dem Ziel,

[53] Zagorin, Social Interpretation; s. auch Trevor-Roper, PP XVI (1969), 61.

[54] Ein solcher Interpretationsansatz bei B. Manning, The Nobles, the People and the Constitution, PP X (1956), 42: ". . . the underlying nature of the absolute monarchical state was government through and in the interest of a ruling class." Dagegen bes. Cooper, Differences, 63.

[55] "In the first place, we cannot fully understand why the Civil War broke out until we understand better how it broke out" (Russell, Origins, 1).

[56] Hexter (Storm over the Gentry) z. B. sieht in der politischen Unfähigkeit der autoritären Stuarts die Hauptursache für den Zusammenbruch der Verfassung.

die Position der königlichen Zentralgewalt im Gefüge der englischen Verfassung auszudehnen und zu festigen. Damit läßt sich die englische Entwicklung dem gesamteuropäischen Phänomen der Expansion des souveränen monarchistischen Staates zuordnen, der in Auseinandersetzung mit partikularen, traditionalen Gewalten, Institutionen und Privilegien seine moderne politische Organisationsform allmählich durchsetzte.[57] Allerdings darf dabei der Politik der englischen Könige und ihrer Ratgeber kein langfristiges, grandioses politisches Konzept zugrunde gelegt werden; damals erst recht erschöpfte sich Politik in erster Linie im Reagieren auf aktuelle Probleme, wobei aufs Ganze gesehen die innerenglische Situation zu Beginn des 17. Jahrhunderts ein erhöhtes Maß an staatlichen Interventionen und Reformen erforderte.[58] So legte besonders die seit 1620 spürbare ökonomische Krisensituation verstärkte staatliche Interventionen auf dem wirtschaftlichen und sozialen Sektor nahe, um den stets drohenden Umschlag von sozialer Not in sozialen Aufruhr abzuwenden. Das Ziel aller Wirtschafts- und Sozialpolitik sowohl der Tudors wie auch der ersten Stuarts war es daher, soziale und damit politische Stabilität im Innern zu wahren. Zu diesem Zwecke war bereits im 16. Jahrhundert eine umfangreiche einschlägige Gesetzgebung ergangen, die nur den Nachteil besaß, daß sie die administrativen Möglichkeiten des Staates weit überschritt.[59] Dabei sollte es sich nun nachteilig auswirken, daß es der Zentralgewalt nicht gelungen war, ihre eigene Administration über das ganze Land auszudehnen, denn mit der wachsenden Zahl der Verordnungen sah sich die Selbstverwaltung nicht nur bald überfordert, sie boykottierte zudem nicht selten mit Erfolg diejenigen Maßnahmen, die Interessen der lokalen Elite zuwiderliefen. So wuchs die Diskrepanz zwischen theoretischem Anspruch des Staates und praktischer

[57] H. Trevor-Roper, The General Crisis of the Seventeenth Century, in: T. Aston (ed.), Crisis in Europe 1560–1660, 1965, der seine Interpretation allerdings mit einer vorwiegend negativen Einschätzung des 'Renaissance-Staates' und seiner expandierenden Bürokratie verbindet. Eine positivere Beurteilung dieses Phänomens bei Zagorin, Court, 4 f., sowie Kenyon, Stuart Constitution, 1.

[58] Erste Ansätze zu einer solchen Deutung der monarchischen Offensive bes. bei J. P. Cooper, The Fall of the Stuart Monarchy, in: The New Cambridge Modern History, ed. J. P. Cooper, vol. IV, 1970, sowie M. Hawkins, The Government: Its Role and its Aims, in: Russell, Origins, 35 ff. Jetzt dazu auch Ashton, Civil War, bes. I, 3.

[59] Zu diesem Komplex vgl. Supple, bes. 228 ff., 234, 252. S. auch Hawkins, in: Russell, Origins, 52, 54.

Effizienz seiner Organe, mit dem Erfolg, daß die Krone in eine Lage geriet, in der ihr zwar das Odium der staatlich-bürokratischen Offensive anhaftete, ohne daß damit ein realer Machtzuwachs verbunden gewesen wäre. Verstärkt wurden diese Mängel noch durch die unstete und wechselvolle Politik der Könige und ihrer einflußreichen Ratgeber, die Vielzahl der halben Maßnahmen und Notlösungen, die lediglich neue Probleme und Reibungsflächen für die monarchische Zentralgewalt schufen.

Die grundsätzlichen Schwierigkeiten für einen konsequenten Ausbau der monarchischen Gewalt verdeutlicht vor allem das zentrale Dilemma der Stuarts: die seit Elisabeths Zeiten chronische Finanznot der englischen Krone, Grund für eine zunehmend größere Kluft zwischen Einnahmen und Ausgaben des Staates.[60] Die ordentlichen Einnahmen der Krone aus Kronland, Zöllen und Feudalrechten reichten angesichts der allgemeinen Inflation auch nicht annähernd aus, um die aus den Kriegen Elisabeths stammenden Schulden zu tilgen und die steigenden Anforderungen an den Staat zu finanzieren. Damit war der Monarch in zunehmendem Maße auf außerordentliche Einnahmen, d. h. vor allem auf Steuern angewiesen, deren Erhebung nur mit Zustimmung des Parlaments erfolgen konnte. Aus dieser Notwendigkeit resultierte eine politische Situation, die allmählich von der Kooperation zur grundsätzlichen Konfrontation führte.[61] Verkürzt läßt sich diese Konfliktspirale wie folgt darstellen: In der Regel bewilligten die Parlamente dem Monarchen Steuern, aber niemals in ausreichendem Umfang. Auf erneute Geldforderungen, die zurückgewiesen wurden, folgten Versuche der Parlamente, die Verwendung der Steuergelder zu kontrollieren. Mißstände in der Verwaltung und bei Hofe wurden angeprangert, das mittelalterliche Institut des 'Impeachment' – der Anklage von Ministern durch das Unterhaus vor dem Oberhaus – neu belebt.[62] Um solchen Einmischungen in die ureigenste Domäne der königlichen Prärogative zu begegnen, versuchte die Krone neue, von der Bewilligung des Parlaments unabhängige Steuerquellen zu er-

[60] Eine moderne Geschichte der Staatsfinanzen der frühen Stuartzeit fehlt bis jetzt. Daher immer noch nicht überholt F. C. Dietz, English Public Finance 1558–1642, 1932. Die Anleihenpolitik der Krone wird untersucht von R. Ashton, The Crown and the Money Market, 1960.

[61] Zu dieser Entwicklung jetzt bes. C. Russell, Parliament and the King's Finances, in: ders., Origins, 91 ff.

[62] Die Bedeutung des Impeachment in diesem Zusammenhang wird bes. betont durch C. Roberts, The Growth of Responsible Government in Stuart England, 1966, Kap. I.

schließen bzw. alte Feudalrechte neu zu beleben und finanziell zu nutzen. Solche Verfahren schufen notwendig neuen Konfliktstoff, – etwa wenn die Errichtung und Vergabe bestimmter Monopole zum Nutzen der königlichen Finanzen und nicht zur Sanierung bestimmter Wirtschaftszweige erfolgte[63] oder wenn, um die folgenreichste Maßnahme herauszugreifen, das ursprünglich auf die Hafenstädte beschränkte und zum Ausbau der königlichen Flotte bestimmte Schiffsgeld zuletzt als allgemeine Steuer im ganzen Land eingetrieben wurde. Durch dergleichen Maßnahmen sah sich das Parlament nun seinerseits in seinen Rechten und schließlich in seiner Existenz bedroht. Politische Querelen um begrenzte Konflikte weiteten sich aus zur grundsätzlichen Debatte um die verfassungsmäßigen Positionen von König und Parlament und gipfelten zunächst in der unverhüllten Konfrontation des Jahres 1629, als Karl I. der unverhohlenen Absicht des Unterhauses, aktiv in die Politik einzugreifen, den ebenso unverhohlenen Willen entgegensetzte, künftig ohne Parlament zu regieren.[64] Damit war der die Verfassung tragende Konsens zerbrochen, die 'dissolution of government' eingeleitet. Vorgeschichte und Geschichte der Eskalation dieses Konflikts sind oft erzählt worden.[65] Allerdings hat man in jüngster Zeit Einwände dagegen erhoben, die Entwicklung der Jahrzehnte vor dem Bürgerkrieg als 'High Road to Revolution' zu deuten; vor allem dürfe die parlamentarische Geschichte der Jahre 1604–1629 nicht im Lichte späterer Ereignisse lediglich als Ouvertüre des Konflikts interpretiert werden.[66]

[63] Über die Mißstände und Auswüchse bei der Vergabe von Monopolrechten s. C. Hill, Century of Revolution, 31 ff., der in der Wirtschaftspolitik der Stuarts die wesentliche Ursache der Revolution erblickt, getreu seiner These, daß der historische Sinn dieser Revolution vor allem in der Beseitigung politischer Schranken für eine ungehemmte künftige ökonomische Entfaltung zu sehen sei.

[64] Vgl. dazu die 'Protestation of the Commons' vom 2. 3. 1629 sowie die Proklamation des Königs vom 27. 3. 1629 (Kenyon, Stuart Const., 85 f.). S. u. S. 55 Anm. 139.

[65] Zur Geschichte des Verfassungsstreites sind neben der klassischen Quellensammlung von J. R. Tanner, English Constitutional Conflicts of the Seventeenth Century, 1928, vor allem die Monographien über die Parlamente der ersten Stuarts heranzuziehen: W. Notestein, The House of Commons 1604–1610; T. L. Moir, The Addled Parliament of 1614, 1958; R. Zaller, The Parliament of 1621, 1971; R. E. Ruigh, The Parliament of 1624, 1971.

[66] So G. R. Elton, A High Road to Civil War, in: ders., Studies in Tudor and Stuart Politics and Government, Bd. II, 1974; ders., The Unexplained Revolution, 1604–1629, Hist LXI (1976). Dagegen jetzt J. H. Hexter, Power

Doch die damit implizierte Forderung, keine Vorgeschichte der Revolution schreiben zu dürfen, bleibt methodisch fragwürdig, und wenn es auch sicherlich zutreffend ist, Vorbehalte gegen Deutungen anzumelden, die in der Politik des Parlaments des frühen 17. Jahrhunderts den Ausdruck einer konsequenten langfristigen oppositionellen Konfliktstrategie sehen, so bleibt die Ausbildung einer wirkungsvollen Opposition gegen die Krone doch der entscheidende Faktor für den Ausbruch der Revolution.

Die Balance der englischen Verfassung wurde nicht nur durch eine monarchische Offensive gestört, sondern gleichermaßen durch die gezielten Bemühungen des Parlaments beeinträchtigt, als selbständige Kraft in die Gestaltung und Formulierung der staatlichen Politik bestimmend einzugreifen. Dem Versuch der Zentralgewalt, den monarchischen Absolutismus einzuführen, stand entgegen der Versuch, das Parlament aus seiner Funktion als Zustimmungsorgan herauszuführen in eine politische Kontrollfunktion.[67] Wesentliche Voraussetzung für diese Entwicklung, die 1640 in einer Konstellation gipfelte, in der einem machtlosen Monarchen ein Parlament gegenüberstand, das sich als politische Alternative zur bestehenden Zentralgewalt präsentierte, war die Ausbildung einer politischen Opposition von neuer Qualität. Beide Faktoren bedingten sich wechselseitig: nur durch die Existenz einer 'Oppositions'-Partei konnte das Parlament aus seiner kooperativen Funktion zum Kontrahenten und schließlich Konkurrenten der Krone aufsteigen, und nur aufgrund der verfassungsmäßigen Existenz des Parlaments konnte eine politisch effektive Opposition sich entfalten.

Dergleichen innere Voraussetzungen für den Ausbruch des Konflikts dürfen jedoch keineswegs die wichtigen außenpolitischen Bedingungen übersehen lassen.[68] Im Gegensatz zu den Jahrzehnten der großen eng-

Struggle, Parliament and Liberty in Early Stuart England, JMH L (1978). Nur erwähnt werden kann hier noch das kürzlich erschienene Buch von C. Russell, Parliament and English Politics 1621–1629, 1979.

[67] Schon Macaulay hatte den doppelten Ursprung dieses Konflikts erkannt, als er schrieb: "Those who conceive, that the parliamentary leaders were desirious merely to maintain the old constitution, and those who represent them as conspiring to subvert it, are equally in error. The old constitution ... could not be maintained ... It was now, therefore, absolutely necessary to violate the formal part of the constitution, in order to preserve its spirit ..." (Essays I, 159).

[68] Den außenpolitischen Aspekt hat in jüngster Zeit bes. Cooper wieder betont (Differences, 77; CMH, 531).

lisch-spanischen Auseinandersetzung fehlt in der ersten Hälfte des 17. Jahrhunderts der außenpolitische Gegner. Aufgrund seiner Insellage – die erst durch die engere Verbindung Englands mit Schottland seit der Thronbesteigung der schottischen Stuarts in London nun auch politisch relevant wird – hat England im Zeitalter des Dreißigjährigen Krieges als einziger europäischer Staat von Rang freie Wahl zwischen Krieg und Frieden. Da aber aktive Außenpolitik Krieg bedeutete und Krieg eine immense Belastung der Staatsfinanzen implizierte und damit die Regierung noch stärker von Steuerbewilligungen durch das Parlament abhängig gemacht hätte, entschied sich England nach einem kurzen, törichten und kostspieligen Intermezzo der Jahre 1625–1629 für die außenpolitische Abstinenz. Damit war eine entscheidende Voraussetzung für die innerenglischen Auseinandersetzungen gegeben: nur im Frieden konnte die Krone versuchen, sich aus der finanziellen Abhängigkeit vom Parlament zu befreien – nur im Frieden konnte eine Opposition es riskieren, das Parlament zu einer verfassungspolitischen Offensive gegen die Zentralgewalt zu führen und damit die Einheit des Staates in Frage zu stellen.

Ausbildung, Umfang und Struktur dieser neuen Opposition sind in jüngster Zeit immer stärker in den Blickpunkt wissenschaftlichen Interesses gerückt; sie wird dabei in Anlehnung an die Terminologie des 17. Jahrhunderts durchweg als 'Country' bezeichnet.[69] Doch dieser Begriff ist mehrdeutig, und die Opposition, für die er steht, weder klar eingrenzbar noch eindeutig definierbar.[70] Zunächst einmal verweist 'Country' auf das Ideal eines friedlichen ländlichen Arkadien, auf den kulturellen und moralischen Gegenpol zum verderbten Hof.[71] Damit verbunden ist die alte, ursprüngliche Bedeutung von 'Country' als 'County', d. h. der Ausdruck althergebrachter Bindungen an regionale Institutionen und Traditionen, das Interesse von Grafschaften oder Lokalgewalten, die sich von der Expansion der staatlichen Ad-

69 Nachdem Trevor-Roper die Polarität von 'Court' und 'Country' als Interpretationsmodell zur Deutung der Vorgeschichte der Englischen Revolution mit Erfolg eingeführt hatte, hat nun bes. Zagorin auf die zeitgenössische Dimension dieser Begriffe verwiesen (Zagorin, Court and Country, 33 ff., sowie ders., The Court and the Country: A Note on Political Terminology in the Seventeenth Century, EHR LXXVII [1962]).

70 Der beste zusammenfassende Überblick bei Stone, Causes, 105 ff.

71 Über den kulturellen Aspekt, unter dem 'Country' als der traditionsbewahrende Widersacher einer neuen, elitären höfischen Ästhetik erscheint, s. jetzt P. W. Thomas, Two Cultures? Court and Country under Charles I, in: Russell, Origins, 68 ff., sowie jetzt bes. Ashton, Civil War, I, 2.

ministration bedroht sahen. Ins Politische gewendet, konnten dergleichen Sentiments und Ressentiments eine zwar vage, aber dafür flexible, weitausgreifende ideologische Basis für eine oppositionelle Politik liefern, die im Namen des nationalen Interesses gegen die Sonderinteressen des 'Court' Position bezog. Damit war die Möglichkeit der Verbindung aufgezeigt zu jenem im engeren Sinne politischen 'Country', das die Gruppe der ambitionierten Parlamentarier und Politiker bezeichnet, die sich von der Teilhabe an der Regierung ausgeschlossen sahen und über die Opposition im Parlament zum politischen Amt zu gelangen trachteten. Dieses 'Country' der 'outs' präsentierte sich als Alternative zum 'Court' der 'ins', und in dem Maße, wie hier pragmatische politische Zielsetzungen im Vordergrund standen, waren Frontwechsel jederzeit möglich. Thomas Wentworth, bis 1629 prominenter und entschiedener Gegner königlicher Politik, nach seiner Ernennung zum Statthalter in Irland (1632) als Earl of Strafford herausragender Vertreter der Politik der monarchischen Offensive, ist typisch für diesen Aspekt des 'Country'.[72] In dem Maße, wie nun die politisch aktive Gruppe sich mit der allgemeinen, weitreichenden politischen Grundstimmung des Ressentiments und der Kritik verband und die vage Country-Ideologie mit einem nationalen politischen Programm verknüpft, entstand eine neuartige Opposition von neuer politischer Qualität. Zu Recht resümiert Zagorin in diesem Zusammenhang: "The Country was the first opposition movement in English history whose character transcended that of a feudal following or a faction",[73] wobei jetzt nicht mehr – wie in den Zeiten bis zum Tode Elisabeths – ein rivalisierender Thronprätendent im Zentrum der Opposition stand, sondern in zunehmendem Maße sich im Parlament, speziell im Unterhaus, die Aktivitäten der Opposition konzentrierten und diese Institution zuletzt de facto zum Rivalen der Krone werden ließen.

Das soll nicht heißen, daß seit Beginn des Jahrhunderts das House of Commons prinzipiell geschlossen gegen die Zentralverwaltung stand;[74] vielmehr waren die Grenzen fließend, und darüber hinaus waren Vertreter des 'Country' ebensogut in der Umgebung des Königs,

[72] Zu Strafford: C. V. Wedgwood, Thomas Wentworth, First Earl of Strafford 1593–1641: A Revaluation, 1961.

[73] Zagorin, Court and Country, 74.

[74] In diesem Punkt ist den Kritikern einer modernen Whig-Interpretation, d.h. bes. Elton und Russell durchaus zuzustimmen. (Vgl. Russell, Parliamentary History, 3 ff.)

in dessen Rat und Administration anzutreffen [75] wie Königstreue noch im Parlament. Aber im Laufe der Zeit gelang es einer politisch aktiven Minorität, die Mehrheit des Unterhauses in zunehmendem Maße für ihre Ziele zu gewinnen.

Diese Zielsetzungen waren nicht Ausdruck eines theoretisch bereits formulierten revolutionären Programms, sie bildeten sich vielmehr aus im Verlauf einer allmählich zum grundsätzlichen Widerstand eskalierenden Folge politischer Querelen zwischen Krone und Parlament. Wie die Konflikte über die Bewilligung einzelner Steuern in Auseinandersetzungen um das Steuerbewilligungsrecht mündeten, Widerstreit um die Privilegien des Parlaments sich zur Diskussion um dessen Position in der Verfassung steigerte,[76] so mehrten sich im Parlament die Stimmen, die zur Abwehr einer umfassenden monarchischen Offensive aufriefen. Besonders vor dem Hintergrund der europäischen Entwicklung fürchtete man parallel zur Ausschaltung der kontinentalen Ständeversammlungen die Entmachtung des englischen Parlaments – "We are the last monarchy in Christendom that retaine our original rights and constitutions", warnte ein Mitglied der Commons das Haus 1625.[77] Die zurückhaltende Außenpolitik der englischen Regierung erhielt so eine bedeutsame innenpolitische Dimension. Eingeordnet in den Kontext der siegreichen Gegenreformation – der Entmachtung der französischen Hugenotten, der Niederlage der Protestanten im Reich zu Beginn des Dreißigjährigen Krieges – erschien der puritanischen Opposition im Parlament die außenpolitische Abstinenz der Krone als Komplott, als der bedrohliche Versuch, durch Teilnahme an bzw. Duldung der großen katholischen Offensive gegen den Protestantismus die eigenen absolutistischen Ziele verwirklichen zu wollen. Von daher wurde immer wieder im Unterhaus die Forderung nach aktiver Kontrolle der Außenpolitik durch das Parlament erhoben; auch hier mündete die Defensive in die verfassungspolitische Offensive, in unverhohlene Einmischung in die bislang unangetastete Domäne königlicher Prärogative.[78] So ließen die fortwährenden, sich ständig steigernden Konflikte immer deutlicher werden, daß mit dem Zerfall des Konsens von Parlament und Krone die Verfassung nicht mehr funktionierte und eine Auseinandersetzung um deren Neugestaltung unabwendbar war. Z. B.

[75] Zagorin, Court and Country, 54, 96; Aylmer, King's Servants.

[76] Dies galt bes. für das Parlament von 1621. Vgl. Hirst, Representative, 66.

[77] Zit. b. Zagorin, Court and Country, 87.

[78] Dagegen allerdings jetzt C. Russell, The Foreign Policy Debate in the House of Commons in 1621, HJ XX (1977), 289 ff.

konnte das Parlament 1628 zwar Karl I. zur Unterzeichnung der Petition of Rights zwingen, aber bereits die Erfahrungen der nächsten Monate bewiesen der Opposition, daß eine effektive Kontrolle staatlicher Macht nicht durch die Verabschiedung von Gesetzen, sondern allein durch Teilhabe an dieser Macht möglich war. Auch hier finden sich unübersehbare Ansätze einer verfassungspolitischen Offensive des Parlaments, die der des Monarchen keineswegs nachsteht.[79] Auch hier ist diese Politik die Folge der gestörten Balance der Verfassung; die Souveränität ließ sich nicht mehr beim 'King in Parliament' fixieren, um ihren Besitz wurde erneut gerungen mit der Alternative: 'King or Parliament'. Diesen grundsätzlichen Konflikt verdeutlichen vor allem die zahlreichen verfassungsrechtlichen Debatten im Parlament, etwa über den Umfang der königlichen Prärogative usw., die mehr sind als routinierte rhetorische Übungen ohne tiefere Bedeutung.[80] Dabei ist jedoch eine Diskrepanz von Argumentationsbasis und Reichweite der politischen Intentionen nicht zu übersehen. Beide Seiten rechtfertigten ihre verfassungsrechtliche Offensive als Defensive der überlieferten, perfekten Konstitution, die durch die Politik der Gegenseite in ihrer Existenz bedroht schien. Ein revolutionäres politisches Programm fehlte vor bzw. zu Beginn der Englischen Revolution;[81] der gemessen an der Verfassungswirklichkeit einschneidende Charakter mancher Forderung des Parlaments wurde verdeckt durch Begriffe und Formeln des herkömmlichen Widerstandsrechts. Man dachte und argumentierte vorwiegend historisch,[82] hier verliefen keine ideologischen Fronten zwischen Court und Country.

79 Cooper, CMH, 544.

80 Dies gegen Russell, der jüngst die These aufstellte, daß bis 1640 die Politik des Parlaments keine ernsthafte Herausforderung der Krone beinhaltet habe (Parl. Hist., passim), weil – wie er nicht unbedingt schlüssig folgert – dazu dessen Position viel zu schwach gewesen sei, wie die Serie der Niederlagen des Parlaments beweise. Besonders bedenklich erscheint in diesem Zusammenhang sein Argument, mit dem er die theoretischen Ansprüche des Parlaments zu leugnen sucht: "We have all been too preoccupied with collecting the speeches of conflict to notice the silences of conciliation." (21). Dagegen jetzt mit überzeugenden Argumenten Hexter, Power Struggle. S. auch P. Wende, Revolution ohne Vorgeschichte?, HZ CCXXX, sowie ders., Das Parlament und die Anfänge der Englischen Revolution, in: Festschr. f. P. Kluke.

81 Zagorin, Court and Country, 10–18.

82 Ausführlich dazu vor allem J. G. A. Pocock, The Ancient Constitution and the Feudal Law, 1957. Zuletzt zu diesem Komplex P. Wende, Vernunft und Tradition in der englischen Staatslehre der frühen Neuzeit, HZ CCXXVI.

Hingegen veränderten sich bereits im Laufe der vorrevolutionären Auseinandersetzungen Arbeitsweise, politische Funktion und Selbstverständnis des englischen Unterhauses. So erfolgte parallel zu der verfassungsrechtlichen Offensive der zielstrebige Ausbau der politischen Kompetenzen der Commons besonders durch die zunehmende Bedeutung der Parlamentsausschüsse [83] und die bereits erwähnte Neubelebung des 'impeachment'. Das Instrumentarium für das Ergreifen der politischen Initiative war damit bereitgestellt; jetzt konnten Funktionen, die ursprünglich in die Kompetenz des Council oder der Gerichte fielen, in wachsendem Maße vom Parlament okkupiert werden.[84]

Zugleich begann das Unterhaus mehr und mehr sich statt wie bisher als die den König beratende Versammlung von Abgesandten einzelner Grafschaften und Gemeinden, nun als die Vertretung des ganzen Landes zu begreifen. Die ursprüngliche, der Entstehung dieser Institution gemäße Bindung an die Krone wurde in zunehmendem Maß durch die Bedrohung des repräsentativen Charakters des Parlaments verdrängt. Dieser Entwicklung entsprach auch die wachsende Gewohnheit im Lande, sich nun mit Petitionen und Adressen eher an das Parlament als – wie bislang üblich – an den Council zu wenden.[85] Hier wird ein weiterer Aspekt der sich verstärkenden Verbindung von Parlament und Wählern deutlich; zugleich wuchsen damit die Chancen der politischen Opposition, über den engen Rahmen des Unterhauses hinaus Bundesgenossen bzw. Resonanz zu finden.

Voraussetzung einer Ausdehnung der oppositionellen Basis war eine zumindest partielle Politisierung eines Teils der Bevölkerung, speziell der sog. 'middling sort', die das Hauptkontingent der Wahlberechtigten stellte. Dabei spielten hier nicht die Machtkämpfe und Argumente der Grundsatzdebatten von Westminster eine Rolle, wohl aber die spürbaren Auswirkungen der Politik der Zentralgewalt. Besonders die Eintreibung des Schiffsgeldes, das wesentlich weitere Kreise erfaßte als die üblichen Steuern, trug zu steigendem antimonarchischen Ressentiment bei, das schließlich 1640 in einen weithin befolgten Steuerboykott

83 So konstituierte sich z. B. das gesamte Unterhaus immer häufiger als Ausschuß (Committee of the whole House), um so frei von den Restriktionen der üblichen Geschäftsordnung debattieren zu können.

84 Dies betont W. Notestein, The Winning of the Initiative by the House of Commons, Proceedings of the British Academy XI (1924–25), repr. 1926, 1949.

85 Dergleichen wichtige Veränderungen hat jetzt Hirst hervorgehoben (Representative, 8, 72, 159, 193).

mündete.[86] Doch letztlich waren es weder Verfassungsfragen noch Steuerdruck, die in weiten Kreisen der Führungsschicht und des Volkes die Bereitschaft hervorriefen, über den passiven Widerstand hinauszugehen, sondern es war die Religion, als der einzige Gegenstand eines allgemeinen politischen Interesses, die den Auseinandersetzungen jene nationale Dimension verlieh, die erst Bürgerkrieg und Revolution ermöglichten. Das 17. Jahrhundert ist auch und erst recht in England die Epoche der religiösen Kämpfe.

3. Religion und Kirche

Wenn auch, wie bereits erwähnt, heutzutage der Begriff der 'Puritan Revolution' z. T. in Mißkredit geraten ist, so wird doch von keinem Historiker ernsthaft die weitreichende Bedeutung von Religion, Religiosität und Kirche für das England des 16. und 17. Jahrhunderts bestritten.[87] Der englische Bürgerkrieg ist auch Religionskrieg, und wo alle übrigen Kriterien zur Scheidung und Klassifizierung der feindlichen Parteien versagen, liefert die Gretchenfrage des Jahrhunderts immer noch die zuverlässigsten Antworten: Mitglieder der Gentry und des Adels, Kaufleute und Handwerker, Bauern und Tagelöhner – sie waren auf beiden Fronten zu finden, aber ein Puritaner kämpfte in der Regel ebensowenig in den Reihen der Royalisten wie umgekehrt ein engagierter Verfechter des anglikanischen Kirchensystems auf der anderen Seite.[88]

Doch ist mit diesem ersten Verweis auf die zentrale Rolle der Religion noch keine Antwort auf die Frage nach *der* Ursache der Revolution gefunden, sondern lediglich eine neue Unbekannte in die Gleichung eingeführt. So einhellig die Historiker auch die Bedeutung religiöser Fragen und Positionen anerkennen, so kontrovers ist andererseits die Einschätzung von Wesen und Funktion der Religion, d. h. im Hinblick

[86] Zagorin, Court and Country, 114 ff.; J. S. Morrill, The Revolt of the Provinces. Conservatives and Radicals in in the English Civil War, 1630–1650, 1976.

[87] Dies gilt besonders für den schärfsten Kritiker dieses Begriffs, Christopher Hill, der vor allem in seinen späteren Schriften immer wieder das komplexe Verhältnis von Puritanismus und Revolution zu deuten sucht. Vgl. bes. C. Hill, Puritanism and Revolution; ders., Change and Continuity. Dazu Richardson, 105 ff.

[88] Selbstverständlich gab es Ausnahmen. S. z. B. C. Hill, The Intellectual Origins of the English Revolution, 1965, 5.

auf die englische Szene besonders die Analyse des Puritanismus und die Beurteilung seiner historischen Relevanz.

Die liberalen Historiker des 19. und 20. Jahrhunderts, die, wie besonders Gardiner, den Terminus der 'Puritan Revolution' prägten, hatten sich hier im wesentlichen mit einer schlichten Gleichsetzung von politischem und religiösem Freiheitskampf begnügt. Im religiösen Individualismus des Calvinismus sah man den politischen Individualismus des Liberalismus, in neuen kirchlichen Organisationsformen die freiwillige Kooperation der Individuen in einer liberalen Gesellschaft vorgeprägt. So ergab sich für diese Historiker die Allianz von Parlament und Puritanismus wie von selbst, deutete sogar auf die weitgehende Identität beider: Puritanismus erschien als Frühform des Liberalismus in theologischem Gewand.[89]

Überzeugender als die nahtlose Verbindung von Puritanismus und Liberalismus war jedoch die Verknüpfung des Calvinismus mit dem Aufstieg des Kapitalismus, wie sie erstmals von Max Weber in seinen berühmten Aufsätzen zum Geist des Kapitalismus aufgewiesen wurde.[90] Weber zufolge war es die calvinistische Theologie, speziell in ihrer puritanisch-angelsächsischen Ausformung, die wesentliche geistige Voraussetzungen für die Entfaltung der kapitalistischen Wirtschaft lieferte. Rationale Lebensführung und asketisches Berufsethos in Verbindung mit dem irrationalen Impuls zur unbegrenzten Gewinnmaximierung – sie alle entspringen in Webers Sicht der Situation desjenigen, der sein Schicksal durch die Ungewißheit der Erlösung geprägt sieht und nach Heilsgewißheit strebt. Die Ethik des Puritanismus mit ihrem Kernstück – der calvinistischen Prädestinationslehre – stand so am Anfang der rational organisierten bürgerlichen Arbeit, schuf den Kapitalismus, der England, Europa und die Welt veränderte.

Es ist hier nicht der Ort, Webers Deduktionen und die durch sie ausgelöste große, bis heute andauernde wissenschaftliche Kontroverse

[89] Vgl. z. B. G. P. Gooch, English Democratic Ideas in the Seventeenth Century, 2. Aufl. ed. Laski, 1927. Eine jüngere Version dieses Konzepts bei A. D. Lindsay, The Modern Democratic State, Oxford 1943. Die überzeugendste, da differenzierteste, Version dieser Richtung in der Einleitung zu A. S. P. Woodhouse, Puritanism and Liberty, 1938, 2. Aufl. 1974.

[90] M. Weber, Die protestantische Ethik und der Geist des Kapitalismus; ders., Die Berufsethik des asketischen Protestantismus; ders., Die protestantischen Sekten und der Geist des Kapitalismus; alle in: ders., Gesammelte Aufsätze zur Religionssoziologie, I, 1920. S. auch M. Weber, Die protestantische Ethik, ed. J. Winckelmann, 1965. Dazu: ders., Die protestantische Ethik II. Kritiken und Antikritiken, ed. J. Winckelmann, 1965.

nachzuzeichnen.[91] Im Rahmen der Debatte um die Ursprünge der englischen Revolution lieferte Weber jedoch zusätzliche Argumente für die These vom Aufstieg der Gentry als der neuen bürgerlich-kapitalistischen Klasse, und so war es dann auch Tawney, der 1922 unter dem Eindruck der Forschungen Webers das Verhältnis von Religion und Entwicklung des Kapitalismus in England im Übergang vom Mittelalter zur Neuzeit untersuchte.[92] Ohne wie Engels oder der moderne linientreue Marxismus den Protestantismus schlichtweg als frühbürgerliche Ideologie zu 'entlarven', warnte Tawney in diesem Zusammenhang vor allem davor, Weber dahingehend mißzuverstehen, als habe dieser einseitig den Kapitalismus aus dem Calvinismus abzuleiten versucht; entsprechend betonen Tawney und seine Schule bei aller vielschichtig engen Verflechtung beider Phänomene dann doch stärker die Eigenständigkeit der ökonomischen Entwicklung.[93]

Gemeinsam ist diesen älteren klassischen Deutungen des Puritanismus von Gardiner über Weber bis hin zu Tawney, daß die Interpretation sich am vertrauten, da gegenwärtigen Objekt – dem bürgerlichen Liberalismus bzw. Kapitalismus – orentierte und von da aus ihre Kriterien gewann. Dagegen sind nun von der jüngeren Forschung gewichtige Einwände gemacht worden. Ausgehend von dem Bestreben, den Puritanismus vor allem erst einmal als religiöse Bewegung in einer bestimmten historischen Situation zu begreifen, wird dabei zugleich die Frage nach dem Verhältnis von Puritanismus und Revolution neu gestellt. Dabei ist auszugehen von der heutzutage nicht mehr ohne weiteres vorstellbaren Bedeutung, die Religion und Kirche im Kontext der frühneuzeitlichen Gesellschaft zukamen. In einer Welt, in der die Lebensumstände des einzelnen weitgehend durch undurchschaubare Unwägbarkeiten bestimmt waren, wo Armut, Krankheit und Naturkatastrophen zwar vertraute, aber rational nicht faßbare Faktoren des täglichen Lebens darstellten, spielten Glaube und Aberglaube eine wichtige Rolle. Und wie allmählich die Religion mehr und mehr Magie

[91] Dazu vgl. bes. R. W. Green, Protestantism and Capitalism: The Weber Thesis and its Critics, 1959; M. J. Kitch, Capitalism and the Reformation, 1967.

[92] Tawney, Religion. (Seine Auseinandersetzung mit Weber bes. S. 319 f.)

[93] Ebd. XIII f. Dazu jetzt ergänzend Hill, Protestantism and the Rise of Capitalism, in: ders., Change, 81–102, bes. 99: "But there is nothing in protestantism which leads automatically to capitalism ... In a society already becoming capitalist, protestantism faciliated the triumph of the new values ... it was, if we like, a rationalization." Kritisch dazu J. H. Hexter, Times Literary Supplement, 24. 10. 1975, 1250 ff.

und Wunderglauben verdrängte und mit dem wachsenden Einfluß der Reformation in England selbst zunehmend von magischen Attributen befreit wurde,[94] so war und blieb der christliche Glaube für alle selbstverständliche, nicht in Frage gestellte Grundüberzeugung, wobei die Bibel als das geoffenbarte Wort Gottes nicht nur gültige Antworten auf die Grundfragen menschlicher Existenz gab, sondern zugleich im Bereich des Alltags praktische Lebenshilfe lieferte. Erst die Einsicht in die kardinale Bedeutung der Religion für alle menschlichen Lebensbereiche läßt die zentrale Rolle der Kirche als der alleinigen autorisierten Instanz dieser Religion verstehen.[95] Nicht der Staat, sondern die Kirche war es, die mit ihren Organen, Institutionen und Praktiken unmittelbar in das tägliche Leben eines jeden Engländers eingriff; denn jeder war Mitglied der Kirche, mußte den Gottesdienst besuchen, sofern steuerfähig den Zehnten zahlen, unterstand der kirchlichen Jurisdiktion. Die Kirche war Mittelpunkt des Gemeindelebens, nahm wichtige Funktionen der Lokalverwaltung wahr, kontrollierte die Erziehung, zensierte Druckerzeugnisse. Erst die vielfältigen Funktionen der Kirche erklären die Notwendigkeit der engen Verbindung von Kirche und Staat bzw. das Bestreben des frühneuzeitlichen Staates, die Kirche zu kontrollieren, sie seinem Einfluß zu unterwerfen. So liefern denn auch die allgemeine Bedeutung der Religion sowie die politische Reichweite der Kirche zwei wichtige Voraussetzungen für die englische Revolution insofern, als (1) nicht politische, wohl aber vor allem religiöse Fragen zum Gegenstand allgemeinen Interesses werden konnten und (2) die Einheit der Religion und damit der Kirche im 17. Jahrhundert nicht nur in England als die conditio sine qua non politischer Stabilität erachtet wurde, d. h. daß Ketzer nicht geduldet, religiöse Reform nicht gelitten werden konnten.[96]

Seit der Reform durch Heinrich VIII. war die englische Kirche anglikanische Staatskirche, hierarchisch gegliedert durch die überkommene Bischofsverfassung mit dem Monarchen als dem zugleich geistlichen Oberhaupt an der Spitze. Die enge Verflechtung von geistlicher und weltlicher Macht ist auf allen Ebenen deutlich ausgeprägt. Der König ernennt die Bischöfe, die als Mitglieder des Oberhauses im Parlament zuverlässige Parteigänger monarchischer Politik sind und die darüber hinaus unter Karl I. wieder zunehmend an Einfluß in den

94 Vgl. dazu bes. die umfangreiche Untersuchung von K. Thomas, Religion and the Decline of Magic, 1971.

95 Die beste knappe Darstellung dazu bei C. Hill, Century, Kap. V.

96 C. Russell, Arguments for Religious Unity in England 1530–1650, Journal of Eccl. History XVIII, 1967.

Regierungskollegien gewinnen. Die Pfarreien werden in der Regel durch den grundbesitzenden Adel besetzt, der im Zuge der Auflösung der Klöster mit den Ländereien auch das Präsentationsrecht erworben hatte. Vor allem aus diesem oft mißbrauchten Privileg der Gentry resultierten die erheblichen wirtschaftlichen Schwierigkeiten der Kirche und die damit verbundenen gravierenden Mißstände, die darin gipfelten, daß zu Beginn des 17. Jahrhunderts über die Hälfte der Pfarreien nicht bzw. nicht mit qualifizierten Geistlichen besetzt waren.[97] Diese englische Reformation war zudem ursprünglich in erster Linie ein Akt der Staatsräson gewesen, mit dem Ziel der Trennung von Rom, und dementsprechend fanden keine tiefgreifenden Veränderungen im theologischen Bereich statt; die anglikanische Religion war ein gemäßigter Protestantismus calvinistischer Provenienz, ihr Ritus mit zahlreichen katholischen Relikten durchsetzt. Diese vom theologisch-dogmatischen Standpunkt aus unvollendete Reformation lieferte zusammen mit den Mißständen der Kirche den Anstoß dazu, daß die religiöse Einheit durch eine innerkirchliche Reformbewegung, den Puritanismus, in Frage gestellt wurde, die deshalb immer wieder als das Erbe der enttäuschten Hoffnungen der englischen Reformation gedeutet wurde: "Puritanism ... was the true English Reformation".[98]

Doch diese auf den ersten Blick einleuchtende Formel darf nicht dazu verleiten, die Englische Revolution als notwendige Konsequenz einer zweiten englischen Reformation zu deuten; gerade im Licht jüngerer Forschungsergebnisse[99] wird deutlich, daß zwischen den religiösen Vorstellungen puritanischer Glaubenslehre und den politischen Forderungen der Parlamentsopposition unter Karl I. keine direkte Kausalverbindung bestand, und wenn jetzt wiederum die zentrale Rolle des Puritanismus in der Vorgeschichte der Revolution zu Recht betont wird, dann nicht im Sinne der von der Whig-Historiographie aufgestellten Gleichung.

Allein der Versuch einer Definition des Puritanismus bereitet Schwierigkeiten angesichts der Vielfalt des Phänomens und der unterschiedlichen Stufen seiner Ausbildung. Puritanismus ist zunächst einmal nicht

[97] Dazu grundlegend C. Hill, Economic Problems of the Church from Archbishop Whitgift to the Long Parliament, 1956.

[98] Tawney, Religion, 198; vgl. auch Russell, Origins, 19.

[99] In diesem Zusammenhang sind zu nennen: W. Haller, The Rise of Puritanism, 1938, 1957; C. Hill, Society and Puritanism in Pre-Revolutionary England, 1964; C. H. George, The Protestant Mind of the English Reformation 1570–1640, 1961; M. Walzer, The Revolution of the Saints, 1965; W. Lamont, Godly Rule. Politics and Religion 1603–1660, 1969.

sektiererischer Separatismus, der, gegen die etablierte Kirche gerichtet, aus dieser herausstrebt mit dem Ziel, religiöse Aktivität in einer Vielzahl freier Gemeinden zu organisieren. Diese Formen sollten erst später, mit dem Verlauf der Revolution, bedeutsam werden. 'Puritanism' kennzeichnet vielmehr zunächst eine innerkirchliche Reformbewegung, die von ihrem Anspruch her, die Kirche gemäß ihren Zielsetzungen zu verändern, zur Bedrohung der bestehenden religiösen und politischen Ordnung wird. Diese Ziele der seit der zweiten Hälfte des 16. Jahrhunderts besonders von Cambridger Theologen inspirierten puritanischen Bewegung begründeten keine dogmatische Gegenposition zur Staatskirche [100] – wohl aber Differenzen im Bereich des Ritus und der Kirchenverfassung. Ausgangspunkt der Kritik war die Begegnung englischer Theologen mit dem kontinentaleuropäischen Protestantismus während ihres Exils in der Phase der vorübergehenden Rekatholisierung Englands unter Maria der Katholischen. Von dort mit geschärftem Blick für die gravierenden Mißstände der einheimischen Kirche zurückgekehrt, forderte man nun die wahre Reformation.[101] Dabei sollte im Zentrum der Religiosität nicht mehr die Kirche mit ihren Institutionen stehen, sondern das Gewissen des Individuums, das sich am gründlichen Studium der Bibel orientiert. Und entsprechend sollte nun der Predigt gegenüber den Sakramenten größeres Gewicht zukommen, wobei selbstverständlich die Möglichkeiten der Einflußnahme des Geistlichen auf seine Gemeinde beträchtlich gesteigert wurden.[102]

[100] Dazu vgl. bes. George, Kap. I, VIII, IX, der allerdings zu weit geht, wenn er die Grenzlinien zwischen Puritanismus und Anglikanismus vollständig verwischt. In das andere Extrem verfällt J. F. H. New, Anglican and Puritan, the Basis of their Opposition, 1964, dessen Versuich, grundlegende theologische Differenzen zwischen beiden Richtungen aufzuzeigen, ebenfalls nicht überzeugt. Ausgewogen J. Sears McGee, The Godly Man in Stuart England. Anglicans, Puritans and the Two Tables 1620–1670, 1976, der betont, daß es zwar keine tiefgreifende Unterschiede in Religion und Weltbild bei Anglikanern und Puritanern gab, daß beide sich jedoch vor allem in der verschiedenen Gewichtung der Gesetzestafeln des Alten Testaments unterschieden: die Puritaner durch Betonung der auf der ersten Tafel verankerten Pflichten des Menschen gegen Gott, die Anglikaner durch Hervorhebung des auf der zweiten Tafel fixierten sozialen Pflichtenkatalogs.

[101] Grundlegend: M. M. Knappen, Tudor Protestantism, 1939. Beste Zusammenfassung bei Elton, Tudor Constitution, 432 ff.

[102] Zur puritanischen Predigt s. H. Davies, Worship and Theology in England, II. From Andrewes to Baxter, 1975, bes. 137 ff., 161 ff. Zu den polit. Implikationen vgl. bes. C. Hill, Century, 82 f. Die Reichweite dieser Reformbewegung untersucht P. S. Seaver, The Puritan Lectureships: The Politics of

Zugleich erhoben die Puritaner Forderungen nach einer rigorosen Reform der allgemeinen Moral, wie sie besonders im sog. 'Sabbatarianism' zum Ausdruck kamen, in dem Bestreben, den Sonntag künftig nur dem Gottesdienst und Gebet vorzubehalten und von allen weltlichen Vergnügungen wie Tanz, Theater und sonstigen Volksbelustigungen freizuhalten.

Während die Mehrzahl der Puritaner dergleichen gemäßigte Reformen anstrebte, nahm eine radikale Minorität die Neuorganisation des 'Church-Disciplin' – der Kirchenverfassung – in ihr Programm auf, verlangte die Abschaffung des Episkopalsystems sowie der Suprematie und Patronage weltlicher Herrschaft und statt dessen die Einführung des presbyterianischen Kirchensystems nach Genfer Muster, d. h. der Synodalverfassung mit weitgehenden Rechten für ein Regiment der Gemeindeältesten. In den 70er Jahren des 16. Jahrhunderts versuchte dieser radikale Flügel des Puritanismus unter Führung des Cambridger Theologen Thomas Cartwright im Bunde mit dem Unterhaus seine Reformvorstellungen durchzusetzen.[103] Die Voraussetzungen für eine solche Allianz waren günstig: angesichts der wachsenden Erfolge der Gegenreformation und der drohenden Invasion Englands durch Spanien setzten die meisten Commons auf den radikalen Protestantismus als letzte verläßliche Stütze nationalen englischen Interesses. Doch diese erste große puritanische Offensive scheiterte schließlich am Widerstand des Oberhauses, besonders der Bischöfe sowie der Krone. Als dann nach 1588 die außenpolitische Gefahr gebannt und der Puritanismus durch erste separatistische Bestrebungen wie z. B. der Brownisten in Mißkredit geraten war, setzte unter John Whitgift als Erzbischof von Canterbury die Gegenbewegung ein, die puritanische Geistliche entweder zur Konformität oder ins Exil zwang: nach 1590 war der entschiedene Presbyterianismus in England damit zur Bedeutungslosigkeit verurteilt.

Als die Stuarts den englischen Thron bestiegen, besaß der Puritanismus daher nicht mehr die revolutionäre Sprengkraft der elisabethanischen Epoche, stellte er doch nicht mehr die Grundprinzipien der Kirchenverfassung in Frage und beschränkte er sich nun auf die Forderung nach Reformen im Bereich der Liturgie und Aussetzung der

Religious Dissent 1560–1662, 1970, wobei er u. a. hervorhebt, daß 1630 z. B. ca. 90 % der Londoner Gemeinden Predigerstellen eingerichtet hatten.

[103] Das Programm dieser radikalen Reformoffensive des Tudor-Puritanismus ist fixiert in den beiden sog. 'Admonitions to the Parliament' des Jahres 1572. Vollständige Texte bei W. H. Frere, C. E. Douglas, Puritan Manifestoes, 1907. Auszüge bei Elton, Tudor Constitution, 438 ff.

rigiden Disziplinierung des Klerus.[104] Die puritanische Bewegung kann daher nicht als stetig wachsende kirchliche und damit politische Opposition gegen den etablierten Verbund von Episkopalkirche und Krone gesehen werden, die schließlich in der Anglikanismus und Monarchie vernichtenden 'Puritan Revolution' gipfelte. Auch vom Puritanismus führt kein gerader Weg zur Revolution, und entsprechend gibt es Tendenzen in der modernen Geschichtsschreibung, die Rolle des Puritanismus in der Vorgeschichte des Bürgerkriegs gering zu veranschlagen, wenn nicht gar zu negieren.[105] Denn ebensowenig wie die Puritaner eine grundsätzlich abweichende dogmatische Position behaupteten, vertraten sie im Bereich der Soziallehre eigenwillige oder gar revolutionäre Standpunkte. Gerade auf diesem Sektor war der Puritanismus durch traditionale Wertvorstellungen geprägt; seine Anhänger präsentierten sich weder als politische noch soziale Revolutionäre, sondern durchaus als konservative Monarchisten und Verfechter einer gottgewollten gestuften hierarchischen Sozialordnung. Und desgleichen predigten und schrieben die puritanischen Geistlichen vor 1640 kaum vom Geist des Kapitalismus im Sinne Webers, sondern vielmehr konventionell im Sinne der überlieferten mittelalterlichen Wirtschaftsmoral gegen Wucher und Habgier, Zinsen und 'enclosures'.[106] Weder zum politischen Liberalismus noch zum bürgerlichen Kapitalismus führen direkte Verbindungslinien: der Puritanismus hatte bis hin in die 30er Jahre des 17. Jahrhunderts – so das Urteil C. H. George's – nichts gemeinsam mit dem revolutionären Puritanismus des Bürgerkriegs.[107]

Diese Deutung bekräftigt die bereits in anderem Zusammenhang erwähnte These von der Revolution ohne Vorgeschichte,[108] dem Bürgerkrieg als historischem Betriebsunfall. Doch so zutreffend solche Urteile unter dem verengten Blickwinkel einer auf gradlinige Kausalität abzielenden Fragestellung auch sein mögen, so irreführend sind die generalisierenden Auswertungen solcher Ergebnisse. Vielmehr wirkte auch der gemäßigte Puritanismus des 17. Jahrhunderts durchaus als revolutionäres Ferment in der englischen Gesellschaft, und desgleichen

[104] Vgl. die sog. 'Millenary Petition' aus dem Jahre 1603, Kenyon, 132 ff.

[105] Am entschiedensten vertritt C. H. George diese Position, nicht nur in seinem Hauptwerk, The Protestant Mind, sondern dezidierter noch in seinem Aufsatz: Puritanism as History and Historiography, PP XLI (1968).

[106] Zur politischen Lehre des vorrevolutionären Puritanismus vgl. bes. W. M. Lamont, Godly Rule, Kap. I, II; zur Wirtschaftslehre vor allem George, Protestant Mind, Kap. III, IV.

[107] George, Puritanism as History.

[108] S. o. S. 33 f.

bestanden bzw. entstanden enge Bindungen an die politische Opposition. Insgesamt gesehen liefert der Puritanismus in mehrfacher Hinsicht wichtige Voraussetzungen für die Englische Revolution – "the political consequences of Puritanism are less difficult to discover than its causes".[109]

Nicht durch seine politischen Lehren, nicht aufgrund einer dogmatischen Gegenposition, sondern vor allem aus Anlaß der staatlichen Religions- und Kirchenpolitik wurde der Puritanismus zur politischen Kraft, zum Parteigänger der Opposition in Stuart-England.[110] Obwohl zunächst die Differenzen zur Politik der Staatskirche gering waren, kam es bereits 1604 wieder zu einer Allianz von Puritanern und Parlamentsopposition. Gerade diese Konstellation verstärkte die Bemühungen der Regierung um kirchlich-religiöse Konformität. Jakob I. verstand das Engagement des Parlaments auf dem religösen Sektor als weitere Attacke gegen die Domäne der königlichen Prärogative. Die tatsächlichen Auswirkungen der erneut einsetzenden Verfolgungen waren gering. Lediglich 80–90 Geistliche, d. h. weniger als 1 % des Klerus, wurden ihres Amtes enthoben;[111] wiederum lag die Bedeutung dieses Konflikts im Prinzipiellen: wie der persönlich religiös nicht festgelegte König durch seine antipuritanische Politik die religiöse Suprematie der Krone demonstrieren mußte, so ging es den Commons um ihr seit der Reformation fixiertes Mitspracherecht in der Kirchen- und Religionspolitik. Zudem erschien vor dem Hintergrund der großen europäischen Offensive der Gegenreformation die antikatholische religiöse Aggressivität der puritanischen Geistlichen den Commons als zuverlässiger Garant der Verteidigung des englischen Protestantismus. So führte eine ähnlich bedrohliche außenpolitische Konstellation wie z. Z. der Armada zur gleichen Allianz von Puritanismus und Unterhaus wie unter Elisabeth. Der Verlauf dieser erneuten Auseinandersetzung erfolgte allerdings unter veränderten Voraussetzungen. Damals war die außenpolitische Gefahr bald gebannt und der Puritanismus zudem durch erste separatistische Bestrebungen in Verruf geraten; jetzt, nach Ausbruch des Dreißigjährigen Krieges, war nicht nur die katholische Bedrohung von außen erneuert, diesmal verkündete und

109 Stone, Causes, 100.

110 Diesen Aspekt betonen besonders: N. Tyacke, Puritanism, Arminianism and Counter-Revolution, in: Russell, Origins, sowie Kenyon, 147 f., und Ashton, Civil War, Kap. V.

111 Diese Zahlen bei R. G. Usher, The Deprivation of Puritan Ministers, EHR XXIV (1909), 232; vgl. zu diesem Komplex S. B. Babbage, Puritanism and Richard Bancroft, 1962.

vertrat darüber hinaus die Staatskirche theologische Neuerungen, so daß der gemäßigte Puritanismus des frühen 17. Jahrhunderts in die Position des Verteidigers der englischen Reformation und damit der wahren protestantischen Lehre geriet.

Diese neue Phase wurde durch die Ernennung William Lauds (1628) zum Bischof von London bzw. 1633 zum Erzbischof von Canterbury eingeleitet.[112] Auch Laud und seinen Anhängern ging es um Reform, allerdings mit dem Ziel, die hierarchisch gegliederte Kirche, die wieder den Akzent auf die Sakramente, das liturgische Zeremoniell und nicht mehr die leidenschaftliche Predigt der Puritaner legte, als die einzig legitime Nachfolgerin der Urkirche der Apostel wiederzubeleben. Gleichzeitig waren Tendenzen zur Aufweichung der strengen calvinistischen Doktrin unverkennbar. Wenn auch Lauds persönliche theologische Position unklar bleibt, so eroberte doch unter seinem Primat der sog. 'Arminianismus' in der anglikanischen Kirche eine dominierende Stellung.[113] Diese in Holland entstandene Variante des Protestantismus war Reaktion auf die starre calvinistische Prädestinationslehre. Statt sich der unabänderlichen, unerforschlichen Gnadenwahl zu unterwerfen, öffnete die Lehre des Theologen Jakob Arminius dem Glauben und Handeln des Individuums wieder neuen Spielraum, und dementsprechend billigten die englischen Arminianer unter Aufhebung der strengen Scheidung von Erwählten und Verdammten nun auch den Gnadenmitteln der Kirche wieder eine aktivere Rolle zu. Diese Aufweichung der seit elisabethanischer Zeit gültigen strengen calvinistischen Doktrin erfolgte gleichzeitig mit wachsender Annäherung an den katholischen Ritus, verschärfter Verfolgung puritanischer Dissidenten, Festigung der Episkopalverfassung, Zurückdrängen des laizistischen Einflusses auf die Kirche, und all dies zusammengenommen rückte die anglikanische Staatskirche unter Karl I. für den gläubigen Calvinisten in verdächtige Nähe zum Katholizismus.[114] Dabei war diese Allianz von arminianischer Kirchenpolitik und monarchischer Innenpolitik kein Zufall, denn keiner verkündete überzeugter und entschiedener den Bund von Thron und Bischofskirche als Laud, und nur eine straff hierarchisch-zentralistisch organisierte Kirche konnte der Krone ein wertvoller Bundesgenosse sein.[115] Zudem fürchteten beide zu Recht den

[112] H. R. Trevor-Roper, Archbishop Laud 1573–1645, 2. Aufl. 1962.

[113] Dazu bes. Tyacke in: Russell, Origins.

[114] Vgl. George, Protestant Mind, 388 f., 392 f.

[115] Angesichts dieser Affinität von kirchlicher und staatlicher Politik kann das Urteil Tyacke's – "there was an element of accident in the Arminian and royalist partnership" (Russell, Origins, 140 f.) – nicht überzeugen.

autoritätsfeindlichen Grundzug des strengen Puritanismus. Und wie der puritanische Gegner Krone und Arminianismus vereinte, so bewirkte der Bund von Karl I. und Laud aufs neue die Allianz von Puritanismus und parlamentarischer Opposition, zumal monarchische Tyrannei und Katholizismus für den protestantischen Engländer identisch waren.

In dieser Sicht treibt den Puritanismus nicht ein ihm immanenter revolutionärer Zug, sondern die Tendenz der staatlichen Kirchenpolitik an die Seite der politischen Opposition. Die Ursprünge der Revolution sind damit auch in der religiösen Sphäre in den Bereich der unmittelbaren Vorgeschichte verlagert, auch hier nicht Resultat langfristiger Kausalität, sondern kurzfristiger Idiosynkrasien und Unwägbarkeiten. Doch diese soweit zunächst durchaus zutreffende Deutung erfaßt nur einen Ausschnitt des Phänomens; wohl ist die Staats- und Soziallehre des Puritanismus konservativ, an der Tradition ausgerichtet, doch die theologische Grundposition des Calvinismus hat politische Konsequenzen von beträchtlicher Reichweite, verkörpert doch der Puritanismus, was Hill einmal treffend "the built-in anarchy of Protestantism" genannt hat.[116] Dieser anarchische Grundzug entspringt im wesentlichen einer Theologie, die in der unmittelbaren Beziehung des Menschen zu Gott das individuelle Gewissen zur alleinigen höchsten Instanz erhebt.[117] Verstärkt und ins Politische gewendet wurden solche Tendenzen speziell bei den englischen Puritanern, über die bereits der Zeitgenosse Strafford schrieb: "The very genuis of that nation (!) of people leads them always to oppose, as well civilly as ecclesiatically, all that ever authority ordains for them".[118] Dabei förderte die verstärkte Akzentuierung der Prädestinationslehre sowie der chiliastische Aspekt der puritanischen Theologie wesentlich den antiautoritären Grundzug und dessen Politisierung. Die Gewißheit, zu den 'Saints', den Auserwählten, zu gehören, verlieh dem gläubigen Puritaner seine bis zur Selbstgerechtigkeit gesteigerte Standfestigkeit, die nie die eigene Position in Frage stellte, im Gegner stets den Teufel erkannte.[119] Dabei waren die Auserwählten keine Eremiten, sondern aufgefordert zum Wirken in dieser Welt, einer Welt kurz vor dem

[116] C. Hill, Antichrist in Seventeenth Century England, 1971, 169.

[117] C. Hill, Change, 84: "This insistence that each believer should look inward to his own heart contributed to give protestantism its fundamentally individualist bias."

[118] Strafford an Laud, zit. bei Tawney, Rise, 237.

[119] Hierzu und zum folgenden vgl. bes. Stone, Causes, 100 ff.

Ende ihrer Zeit, in der in Rom bereits der Antichrist herrschte.[120] Zugleich stellte diese Epoche dem Erwählten die Aufgabe, schon jetzt die Rückkunft Christi durch die Errichtung eines Neuen Jerusalem auf Erden vorzubereiten.[121] Lange Zeit hatten dergleichen Visionen und Hoffnungen sich mit überlieferten politischen Leitbildern verbunden, und sowohl Könige wie Bischöfe schienen dazu ausersehen, das Tausendjährige Reich der Offenbarung zu verwirklichen.[122] Die politische Entwicklung unter den Stuarts führte dann zu folgenschweren Verlagerungen; die Aufgabe der politischen Neuordnung ist nun den 'Heiligen' im Unterhaus gestellt, sie haben den Kampf gegen die Mächte des Bösen selbst zu führen als die berufenen Priester, Könige und Richter, als die eigentlich erwählten Herrscher der Welt.[123] Die aus der Prädestinationslehre abgeleitete Selbstgewißheit in Verbindung mit dem aus der Heilserwartung erwachsenen Stimulans zur Veränderung der Welt ermöglicht den fließenden Übergang vom Glauben zur modernen Wissenschaft,[124] von religiösem Fanatismus zu politischem Aktionismus; "the godly share the confidence in conscience and decision which makes revolutionary activity possible and successful" konzediert selbst C. H. George, der ansonsten eine kausale Verbindung von Puritanismus und Revolution entschieden bestreitet.[125] So gesehen ist die puritanische Revolution vor allem deswegen Revolution, weil der Puritanismus ihre entscheidende Triebkraft war. So betrachtet präsentieren sich die Puritaner als erste Exempel des klassischen modernen Typs des Revolutionärs, als Vorläufer der Jakobiner und Bolschewiki, d. h. nicht als Väter des politischen Liberalismus, sondern als Anwälte politischer Kontrolle und Disziplinierung im Kampf gegen das Chaos.[126] Die aus der religiösen Gewißheit abgeleitete Unbedingtheit

120 Über die englische Tradition, den Papst als Antichrist zu identifizieren, s. Hill, Antichrist.

121 W. M. Lamont, Puritanism as History and Historiography, PP XLIV (1969).

122 Ders., Godly Rule, Kap. III, IV.

123 George, Protestant Mind, 100.

124 Dieses umfangreiche Thema der geistigen Wirkungen des Puritanismus muß hier unberücksichtigt bleiben. Statt dessen sei hier neben den bereits genannten zahlreichen einschlägigen Arbeiten C. Hills noch bes. verwiesen auf Ch. Webster (ed.), The Intellectual Revolution of the 17th Century, 1974, sowie ders., The Great Instauration. Science, Medicine and Reform, 1626–1660, 1975.

125 George, Protestant Mind, 19.

126 Diesen Aspekt betont das wichtige Buch von M. Walzer, The Revolution of the Saints, 1965. Der Autor hat seine Thesen zusammengefaßt in:

des eigenen Anspruchs trägt zudem insofern zur Radikalisierung der Politik bei, als die festgefügten Wertvorstellungen und Feindbilder keinen Raum für den politischen Kompromiß lassen; wer seiner durch göttliche Vorsehung bestimmten Mission gewiß ist, braucht, ja darf keine vorsichtige Politik des Ausgleichs betreiben.[127] Darüber hinaus tangiert die revolutionäre Brisanz des Puritanismus nicht nur die politische, sondern auch die soziale Ordnung, denn die Gemeinde der 'Saints' korrespondiert nicht mit der weltlichen Hierarchie der englischen Gesellschaft. Im Gegenteil: zahlreiche Andeutungen und Ausführungen zur Relation von diesseitigem Status und künftiger Erlösung verweisen nicht selten auf eine radikale Umkehrung der Verhältnisse, wobei getreu dem Bibelwort: 'Eher geht ein Kamel durch ein Nadelöhr ...' [128] nicht selten den Armen und sozial niedrig Stehenden die größeren Chancen für künftiges Seelenheil zugemessen wurden. Wenn dem entgegen einzelne puritanische Theologen wie Perkins bereits weltliche Güter und Gnadenstand in eine direkte Verbindung setzen und dementsprechend Bettler und Vagabunden zur 'cursed generation' rechnen,[129] ist damit keine Bestätigung der am adligen Landbesitz orientierten Statusordnung verbunden, denn wenn auch keine eindeutige soziale Zuordnung des Puritanismus vorgenommen werden kann, so sind gewiß die Schwerpunkte seiner Ausbreitung im Bereich der gewerbetreibenden 'middling sort of people' unbestreitbar,[130] denen er so in einer Zeit verstärkter sozialer Mobilität mögliche Argumente gegen die überkommene soziale Hierarchie lieferte [131].

Setzt man diese Forschungsergebnisse in Beziehung zu der bereits erwähnten umfassenden Bedeutung von Religion und Kirche für Staat und Gesellschaft der frühen Neuzeit, so wird deutlich, daß vor allem die politische Dimension religiöser und kirchlicher Probleme und Dif-

ders., Puritanism as a revolutionary Ideology, History and Theory III (1963). Ähnliche Parallelen schon bei C. Brinton, The Anatomy of Revolution, 2. Aufl. 1956, Kap. VII.

127 Russell, Origins, 23 f.

128 George, Protestant Mind, 105.

129 C. Hill, William Perkins and the Poor, in: ders., Puritanism and Revolution, 229.

130 Diesen Umstand hebt Hill immer wieder hervor, bes. in: Society and Puritanism, 134 ff.

131 Walzer versteht die Ausbreitung des Puritanismus vor allem auch als Antwort auf die soziale Krisensituation und betont in diesem Zusammenhang, daß besonders die nach London strömenden Zuwanderer Puritaner waren (Puritanism, 78).

ferenzen zu einer Politisierung weiter Kreise des englischen Volkes führen konnte, denn politischer Gegenstand von allgemeinem Interesse waren vor 1640 nicht Fragen der staatlichen Souveränität oder der Besteuerung, sondern die Religion, speziell die Bedrohung des Protestantismus durch die katholische Offensive. Und wenn die Englische Revolution in einzelnen Phasen später durch den Einfluß bzw. die Mobilisierung weiterer Kreise der englischen Bevölkerung geprägt war bzw. von Teilen des Volkes, die bislang nicht in den Bereich des politischen Entscheidungs- und Aktionsfeldes hineingewirkt hatten, dann nur, weil die Englische Revolution eben auch puritanische Revolution war.

4. Die Vorgeschichte

Die Erforschung der Ursachen der Englischen Revolution hat eine Vielzahl von Antworten hervorgerufen, wobei, wie in den vorangegangenen Abschnitten deutlich wurde, den Bereichen der wirtschaftlich-sozialen, der verfassungsrechtlich-politischen und der religiösen Entwicklung, je nach dem wechselnden Erkenntnisinteresse, recht unterschiedliche Bedeutung zugemessen wurde. Die Fülle der Ansätze und Ergebnisse verwirrt, und da heute kein Historiker der Englischen Revolution gern als reaktionärer Whig oder als dogmatischer Marxist abgetan werden möchte, scheut man immer häufiger vor der Aufgabe zurück, Ordnung in dieses Ursachenbündel zu bringen, kapituliert vor der Vielzahl der sich gegenseitig relativierenden bzw. ausschließenden Interpretationen, indem man auf die Komplexität des Phänomens verweist, um sich dann mit der Aufzählung verschiedener Ergebnisse und Perspektiven zu begnügen. Damit ist nicht selten die Leugnung jeglicher langfristig auf die Revolution hin wirkender Entwicklungen verbunden sowie die Empfehlung, an die Stelle der Ursachenforschung die Ereignisgeschichte des Ausbruchs des Konflikts treten zu lassen.[132] Das Verdienst dieses neuen Revisionismus in der Geschichtsschreibung der Englischen Revolution ist es zweifellos, damit wieder den Bereich der Politik in das Zentrum des wissenschaftlichen Interesses gerückt zu haben. Aber das Bemühen, sich zugleich um jeden Preis von der klassi-

[132] Selbst Stones sehr differenzierte Analyse, die vorsichtig formuliert als Hauptursache den Zerfall überkommener Ordnungen und Wertvorstellungen ('Multiple Dysfunction') in den Bereichen der Wirtschaft, Gesellschaft, Verfassung, Kultur, Religion und Politik akzentuiert, fällt dem Verdikt dieser Richtung zum Opfer. (Vgl. Eltons Rezension in: HJ XVI, 205. S. auch o. Kap. I, 2, Anm. 66.)

schen liberalen Deutung zu distanzieren, führt zu Verkürzungen und Verzerrungen. Die politische Position des Unterhauses, die Bedeutung verfassungsrechtlicher Konflikte zu Beginn des Jahrhunderts bzw. während der zwanziger Jahre werden minimalisiert, statt dessen das politische Gewicht der Peers gegenüber den Commons sowie der die Zeit prägende Konsens über den Erhalt einer hierarchisch geprägten politischen und sozialen Grundordnung betont, in der kein Platz für politischen Antagonismus grundsätzlicher Natur sei.[133] Die Revolution ist damit zufälliges Ereignis, Ergebnis im wesentlichen der kurzsichtigen, törichten Politik Karls I., der es meisterhaft verstand, seine Verbündeten vor den Kopf zu stoßen und seine Gegner gegen sich zu einigen.

Nun gehört zweifellos auch die unmittelbare Vorgeschichte der Revolution zur Frage nach deren Ursprüngen und muß hier Berücksichtigung finden. Doch deren Stellenwert darf nicht überschätzt werden, so bedeutsam auch die Entscheidungen Karls I. in der Krisensituation der Jahre 1639–41 gewesen sein mögen – sie wurden es vor allem im Kontext einer Situation, die ihrerseits Resultat einer Entwicklung war. Erst unter bestimmten langfristigen Voraussetzungen können kleine Anlässe große Wirkungen haben: zu Ursachen von Revolutionen werden.

Wer sich nicht scheut, die Frage nach diesen langfristigen Ursachen in das Zentrum seiner Bemühungen zu stellen, die Ursprünge der Revolution als historisches und nicht historiographisches Problem zu begreifen,[134] der wird in den politischen Auseinandersetzungen zwischen Krone und House of Commons vor dem Hintergrund der Besonderheiten der englischen Verfassung die conditio sine qua non der englischen Geschichte des 17. Jahrhunderts erkennen[135]: "the central and recurrent conflict there was over liberty and the rule of law"[136]. Damit erfolgt weder ein Rückfall in monokausale Erklärungsmuster noch die unkritische Übernahme der moralisierenden Wertungen der Whig-Historiographie. Die Auswirkungen der Entwicklungen und Veränderungen im Bereich von Wirtschaft und Gesellschaft, Religion und Geistesleben werden nicht negiert, sondern als wesentliche Voraus-

[133] Als wichtigste Vertreter dieser Richtung sind neben Elton und Russell zu nennen: J. Farnell, The Social and Intellectual Basis of London's Role in the English Civil War, JMH IL (1977); M. Kishlansky, The Emergence of Adversary Politics in the Long Parliament, ebd.; P. Christianson, The Causes.

[134] Hexter, Power Struggle, 48.

[135] S. o. S. 32 f.

[136] Hexter, Power Struggle, 47.

setzungen einer Konstellation gewertet, die allerdings erst im Sog der verfassungspolitischen Dynamik in eine revolutionäre Situation mündet. Und desgleichen impliziert die erneute Betonung des politischen Konflikts zwischen Parlament und Krone keineswegs die Apotheose der Commons als Wegbereiter politischen Fortschritts und die Verdammung der Monarchie als Repräsentant der Reaktion. Vielmehr ist durchaus jene Interpretation zutreffend, welche die Opposition des Parlaments als Widerstand traditionaler Kräfte gegen die auf Innovation zielende Dynamik der Politik der Krone wertet.[137] Dabei war es kaum von Belang, daß formalrechtlich die einzelnen Maßnahmen des Königs durchaus Präzedenzfällen aus der Zeit der Tudors entsprachen, die einen ersten Ausbau der monarchischen Position versucht hatten. Jetzt führte dies zum Konflikt aufgrund der gegensätzlichen politischen Zielsetzungen und Wertvorstellungen von Parlament und Krone. Damit erschien die Politik der Regierung als fundamentale Bedrohung: "The prerogatives of the king grow daily: liberties of the subject are at a stand; and if they be once lost are hardly to be recovered", hieß es schon 1604 in der sog. 'Apology' der Commons, – der politische Gegensatz war zum Verfassungskonflikt geworden.[138] Unter diesem Blickwinkel muß die unmittelbare Vorgeschichte des Ausbruchs der Revolution gesehen werden, die so betrachtet auch die Politik Karls I. im rechten Licht erscheinen läßt: nämlich nicht als zufällige Summe törichter Einzelaktionen, sondern als eine Reihe zwar nicht unabdingbar notwendiger, aber doch konsequenter Maßnahmen im Rahmen einer bestimmten Politik, welche durch die völlig zeitgemäßen Bestrebungen zum Ausbau der monarchischen Position gekennzeichnet war. Die Besonderheiten der englischen Situation führten dann notwendig zum Konflikt der schroffen Gegensätze, wie sie bereits 1629 offen formuliert waren, als auf der einen Seite das Parlament die Regierung und damit letztlich den Monarchen als potentielle Staatsfeinde bezeichnete und auf der anderen Karl seine Entschlossenheit bekundete, sich von der Mitsprache lästiger Parlamente künftig zu befreien.[139]

[137] Vgl. Ashton, Civil War, Teil I, bes. Kap. 2, 3.

[138] J. R. Tanner, Constitutional Documents of the Reign of James I 1603–1625, 1930, 222 f. Wiederaufgenommen wurde diese Formulierung u. a. wieder in den Parlamentsdebatten 1621. (Vgl. W. Notestein, Commons Debates 1621, IV, 17. Vgl. hierzu auch Roberts, 80 f.)

[139] Protestation of the Commons, 2. 3. 1629: "Whosoever shall bring in innovation of religion . . . Whosoever shall counsel or advice the taking and levying of the subsidies of tonnage and poundage, not being granted by Parliament . . . shall be . . . reputed an innovator (!) in the Government and

Damit waren zehn Jahre monarchischer Alleinherrschaft eingeleitet, mit deren Scheitern 1639/40 die Englische Revolution begann.[140] Die Gründe dieses Scheiterns einer durchaus konsequenten Politik,[141] wie sie vor allem von Strafford und Laud getragen wurde, lassen sich – vereinfachend, aber nicht verzerrend – auf die Formel bringen, daß die Krone weder ausreichende Machtmittel noch gewichtige Bundesgenossen besaß oder angesichts der Eigenart der englischen Verhältnisse gewinnen konnte, statt dessen die Zahl ihrer Gegner vermehrte und deren Front einigte. Signifikantes Beispiel für diese Entwicklung ist u. a. die wechselnde Beziehung der Regierung zu den Konzessionären ihrer merkantilen Wirtschaftspolitik.[142] Konnte man zunächst davon ausgehen, daß sämtliche Inhaber und Nutznießer einer durch staatliche Monopole regulierten Wirtschaft ihre Interessen mit denen der Monarchie verbanden, so veranlaßte die wachsende Finanznot die Regierung dazu, in zunehmendem Umfang um kurzfristiger eigener Profite willen die Monopole der Außenhandelsgesellschaften, wie z. B. der East India Company, durch neue Konzessionen oder eigene Unternehmungen zu schmälern und zu gefährden, so daß ein Großteil der Londoner Handelsinteressen sich mit der parlamentarischen Opposition verband. Desgleichen wurden durch die übrigen finanzpolitischen Maßnahmen der Regierung, die zum großen Teil auf einer Reaktivierung alter Feudalrechte der Krone beruhten, durch zentralistische Eingriffe in die Lokalverwaltung, durch die Laudsche Kirchenpolitik weitere Kreise und Schichten gegen die monarchische Zentralgewalt

a capital enemy to the Kingdom and Commonwealth." Dagegen die königliche Proklamation vom 23. 3. 1629: "... We shall be more inclinable to meet in Parliament again when our people shall see more clearly into our intention and actions, when such as have bred this interruption shall have received their condign punishment, and those who are mislead by them ... shall come to a better understanding of us and themselves." (Kenyon, Stuart Constitution, 85 f.)

140 Eine moderne Darstellung der Politik der Regierung in den 30er Jahren fehlt. Abgesehen von Ansätzen bei Hawkins, Tyacke, Hill und Corfield, in: Russell, Origins, dazu immer noch H. R. Trevor-Roper, Laud.

141 Auch Stone macht es sich hier einmal sehr einfach, wenn er von "folly, obstinacy and misjudgement of Charles and Laud" spricht (Causes, 135). Dagegen Morrill, 15: "In reality, however, the Court was pursuing a coherent, if irresponsible, programme of economic, political and ecclestiastical reform throughout the 1630s."

142 Dazu jetzt Ashton, Civil War, I, Kap. 4, wo der Verf. die Ergebnisse seiner vor kurzem erschienenen Studie: The City and the Court 1603–1643, 1979 resümiert.

aufgebracht und der parlamentarischen Opposition des Country als Verbündete zugeführt. Dieser Opposition war es gelungen, auch in der langen parlamentslosen Zeit ihre Funktion als übergreifende Sammlungsbewegung regionaler und lokaler Widerstände zu bewahren, so daß bei der Wiedereinberufung des Parlaments 1640 im Unterhaus sofort wieder an die Politik des Jahres 1629 angeknüpft werden konnte.[143] Zugleich aber bestätigen die zehn Jahre des persönlichen Regiments Karls I. die zentrale Bedeutung des Parlaments für den Ausbruch der Revolution. Zwar war es vor 1640 zu Steuerverweigerungen, zu Boykottmaßnahmen im Bereich der Lokalverwaltung gekommen, aber nirgends zeichneten sich im Umkreis solcher Formen passiven Widerstands Anfänge aktiver Rebellion ab. Es bedurfte der Einberufung des Parlaments, damit die Widerstände sich sammeln, formieren und wirksam artikulieren konnten.

Der Anlaß für die Beendigung der parlamentslosen Herrschaft scheint wiederum zufällig, als Folge einer weiteren politischen Eskapade des Königs: es ist der schottische Aufstand des Jahres 1639, der, als Anstoß von außen, die letzte Phase der Eskalation des Konflikts einleitete.[144] Die Stuarts waren Könige von England und Schottland. Im Sinne notwendiger religiöser Konformität versuchten Karl I. und Laud daher auch im presbyterianischen Schottland das anglikanische Bischofssystem einzuführen. Zugleich aber sah sich dadurch der schottische Adel bedroht, dessen Besitzungen zum Teil aus okkupierten kirchlichen Ländereien bestanden, deren Restitution nun drohte. Damit waren in Schottland alte Kontrahenten in einer neuen Allianz vereint. Schottische Presbyterianer und schottische Aristokraten schlossen sich im Winter 1637/38 mit dem übrigen Schottland zusammen im sog. 'Covenant', dem Bund zur Verteidigung ihrer Religions- und Kirchenverfassung gegen die Bedrohung der nationalen schottischen Identität. Dieser Widerstand konnte nur mit Waffengewalt gebrochen werden. Doch der englische König besaß kein eigenes Heer. Ohne die aktive Unterstützung des Landadels, der zwar im königlichen Auftrag, aber doch letztlich in eigener Regie die Milizen der Grafschaften organisierte und exerzierte, und ohne die Bereitschaft des Parlaments, Steuern als außerordentliche Einnahmen für die außerordentlichen Ausgaben eines Krieges zu bewilligen, konnte die Regierung keinen Krieg füh-

143 Zagorin, Court, 100 f., weist in diesem Zusammenhang darauf hin, welche Rolle dabei Kolonialgesellschaften wie die Providence Island Company spielten.

144 So z. B. Koenigsberger, 64.

ren. Ein entsprechender Versuch im Sommer 1639, mit Hilfe der Milizen und des Adels der nördlichen Grafschaften die Schotten militärisch zu bezwingen, mißlang kläglich. Karl kapitulierte kampflos, die Schotten schafften das englische Prayer Book und die Episkopalverfassung ab. Die darauf folgende Einberufung des Parlaments, das wegen seiner kurzen Sitzungsdauer als 'Short Parliament' (13. April bis 5. Mai 1640) in die Geschichte eingehen sollte, war noch nicht die Kapitulation, sondern ein letzter politischer Schachzug. Sollte auch unter diesen Umständen, angesichts der Bedrohung Englands durch den alten schottischen Erzfeind, das Parlament nicht bereit sein, die Politik des Königs durch Steuerbewilligungen zu stützen, so glaubte man in dieser Situation dann ein ausreichendes Alibi für neue königliche Gelderhebungen zu besitzen. Als die Commons sich tatsächlich weigerten, Steuern zu gewähren, ohne zuvor die Mißstände des königlichen Regiments diskutieren und deren Behebung durchsetzen zu können, löste der König das Parlament auf, bevor es in der Lage war, ihm eine Petition gegen den schottischen Krieg zu präsentieren. Nun folgte in einer letzten Phase der Höhepunkt der Bestrebungen zur Errichtung eines monarchisch-absolutistischen Regiments in England. Thomas Wentworth, bislang erfolgreicher Gouverneur Irlands, war nun als Earl of Strafford der Leiter der königlichen Politik. Schiffsgeld und Zwangsanleihen wurden erneut erhoben, Widerspenstige eingekerkert, in Irland, das auch in Friedenszeiten politisch unter Kriegsrecht stand, ein Heer ausgehoben, das Englands Freiheit zu bedrohen schien. Zugleich forcierte Laud mit den sog. 'Canons' des Jahres 1640 die religiöse Offensive, wobei u. a. alle Geistlichen aufgefordert waren, einen Eid auf die bestehende Kirchenverfassung abzulegen, der den ausdrücklichen Verzicht auf jede Reform beinhaltete; [145] standhafte Puritaner wurden nun mehr denn je mit Urteilen der Star Chamber verfolgt, die Kompetenzen der kirchlichen Gerichte generell erweitert. Doch die eigentliche Aufgabe, die Niederwerfung der Schotten, konnte trotz aller Anstrengungen nicht bewältigt werden. Die Truppen eines neuen Heeres, diesmal in den südlichen Grafschaften mit Gewalt ausgehoben, rebellierten gegen ihre katholischen Offiziere, desertierten, verwüsteten anglikanische Gotteshäuser, aber stellten keine Gefahr für die Schotten dar, die nun die Grenze überschritten und, wiederum ohne militärische Entscheidung, im Oktober 1640 den englischen König erneut zur Kapitulation zwangen. Im Vertrag zu Ripon mußte er nicht nur ihren religiösen und politischen Forderungen nachgeben, sondern

[145] Auszugsweise bei Kenyon, Stuart Constitution, 166 ff.

darüber hinaus mit einer beträchtlichen Summe den Rückzug der Truppen erkaufen, deren Unterhalt zunächst mit täglich 850 Pfund zu finanzieren war, ein ansehnlicher Betrag angesichts der Tatsache, daß sich die Summe der jährlichen Staatseinkünfte der späten 30er Jahre auf ca. 900 000 Pfund belief. Diese Politik der finanziellen Erpressung war mit der englischen Opposition abgestimmt. Um solche Forderungen zu erfüllen, mußte Karl wiederum ein Parlament einberufen. Mit den Wahlen zum sog. Langen Parlament – seine Sitzungsdauer sollte sich über dreizehn Jahre erstrecken – erfolgte zugleich die politische Kapitulation Karls im innerenglischen Machtkampf. Der Staat war bankrott, die militärische Niederlage perfekt; damit bestanden zwei klassische Voraussetzungen für die große Revolution,[146] die mit der Einberufung des Langen Parlaments ihren Anfang nahm. In dieser Ausgangssituation standen sich allerdings nicht zwei gleichwertige Kontrahenten gegenüber, sondern die Gewichte waren einseitig verteilt: auf der einen Seite der König mit seinen Ratgebern und einer winzigen schweigenden Minorität im Parlament – auf der anderen Seite die überwältigende Mehrheit des Parlaments, gestützt auf ein starkes antigouvernementales Ressentiment im ganzen Lande.[147]

Nichts verdeutlichte den Zusammenbruch der Autorität der Regierung so sehr wie die Ereignisse der beiden Parlamentswahlen des Jahres 1640. Bislang waren solche Wahlen weitgehend unpolitisch gewesen, weitgehend bestimmt durch die Interessen und Konflikte im Bereich des jeweiligen Wahlkreises. Nicht selten brauchten einflußreiche Magnaten lediglich ihre Kandidaten zu nominieren, die dann, da eine Gegenkandidatur aussichtslos schien, ohne Wahlkampf und ohne daß ein Wahlakt stattzufinden brauchte, ins Unterhaus einzogen. Dies änderte sich spürbar nach 10 Jahren parlamentsloser Herrschaft. In dem Maße, wie dabei zum ersten Male in der englischen Geschichte Fragen der nationalen Politik (illegale Besteuerung, Religion und Kirchenverfassung) eine wesentliche Rolle spielten, büßten sowohl die Krone als auch dem Hofe nahestehende Adlige ihren Einfluß ein, den sie in normalen Zeiten auf den Ausgang der Wahlen ausübten. Die Zahl der bloßen Nominierungen ohne Gegenkandidaten ging jetzt erheblich zurück, das wachsende Ausmaß der tatsächlichen Wahlen, d. h. der Wahlkämpfe, verweist auf eine qualitative Veränderung der

146 Stone, Causes, 135.

147 Ebd. 134: "... a situation had arisen by 1639 in which the popular scapegoat was ... the government itself. No state can long survive under such circumstances."

politischen Szene in diesem Jahr.[148] Die Folge war, daß ungewöhnlich viele Kandidaten der Regierung unterlagen. Der damit offenkundige Triumph der Parlamentsopposition war das Resultat einer Allianz der verschiedenen politischen Kräfte und Interessen (Gentry und Adel, Juristen und Prediger, Kaufleute und Handwerker), vereint durch gemeinsames Mißtrauen gegenüber einer königlichen Politik, welche die Grundfesten der staatlichen und kirchlichen Verfassung auszuhöhlen, die angestammten Freiheits- und Eigentumsrechte des einzelnen zu beschneiden, die lokale Selbstverwaltung einzuschränken, die nationalprotestantischen Interessen zu verraten drohte. Die Zeichen der Zeit waren nicht zu übersehen, die Politik Straffords in Irland und Lauds in Schottland hatten im Vorfeld der englischen Szene die drohende Entwicklung bereits modellhaft vorgezeichnet, in England häuften sich in der parlamentslosen Zeit die Eingriffe staatlicher Organe in den Bereich angestammter Besitzrechte und den Gang ordentlicher Rechtsprechung.[149] Vor diesem Hintergrund war es nur konsequent, wenn das Short Parliament unter der Führung Pyms und seines Anhangs nach dem alten Grundsatz "Grievances before Supply" (d. h. Steuerbewilligungen erst nach Anhörung der Petitionen und Abstellung der Mißstände) verfuhr und zugleich die Gemeinsamkeiten mit den schottischen Aufständischen über alte nationale Differenzen stellte.[150] Und dementsprechend war es erst recht das erklärte Ziel des Langen Parlaments, die angestammte Verfassung wiederherzustellen und vor der Offensive einer monarchischen Revolution zu bewahren.[151] Am Anfang der Englischen Revolution stand eine Politik des Widerstands.

148 Hirst, Representative, 111, 147. Vgl. auch J. K. Greenfelder, The Election to the Short Parliament, in: H. S. Reinmuth (ed.), Early Stuart Studies, 1970, 191 ff.

149 Stone, Causes, 132.

150 Dazu jetzt als wichtige neue Quellenedition E. S. Cope, W. H. Coates (eds.), Proceedings of the Short Parliament of 1640, 1977.

151 Ashton, Civil War, 130.

II. DIE KONSERVATIVE REVOLUTION

Revolutionen vollziehen sich in Etappen, und ohne hier das Muster einer bestimmten Revolutionstypologie zu kopieren [1] oder eine minutiöse Aufgliederung zu versuchen, lassen sich auch bei der Englischen Revolution bestimmte Phasen unterscheiden. Am Anfang steht die Periode der forcierten Reformpolitik des Langen Parlaments, die man heute nicht selten als konservative Revolution bezeichnet, dann folgt die Zeit des Umsturzes, der radikalen Revolution, bis der Versuch, die Welt auf den Kopf zu stellen, in die Restauration umschlägt und der revolutionäre Zyklus sich schließt. Der Wandel von der ersten zur zweiten Phase vollzieht sich über den Bürgerkrieg.[2] Charakterisierung der einzelnen Abschnitte, Ursachen der wechselnden Frontstellungen im Geflecht der verschiedenen Gruppen und Akteure – dies sind dabei die zentralen Probleme der Revolutionsgeschichtsschreibung, die in ihren jeweiligen Ansätzen die Debatte um die Entstehung der Revolution in den verschiedenen Darstellungen und Bewertungen des revolutionären Ablaufs fortsetzt.

Ebenso wie die Französische Revolution mit der Einberufung der Generalstände beginnt, so setzen selbst jene, die es vorziehen, vom englischen Bürgerkrieg und nicht von der Englischen Revolution zu sprechen, den Anfang des Konfliktes mit dem Datum der Einberufung des Langen Parlaments gleich.[3] Dies war zugleich die Kapitulation der monarchischen Politik, d. h. zu Beginn der Revolution standen sich nicht zwei gleichgewichtige Kontrahenten gegenüber, vielmehr war einem geschlossen agierenden Parlament ein macht- und anhangloser König ausgeliefert. Während dieser ersten Phase stehen noch keine gleichgewichtigen Machtgruppierungen einander gegenüber, denn noch verfügt der König über keinen nennenswerten Anhang. Vielmehr ist die Geschichte dieses Zeitraums gekennzeichnet durch die Entstehung eines solchen Anhangs, die Formierung der royalistischen Partei der Kavaliere, deren Existenz die notwendige Voraussetzung für den offenen Machtkampf, den Bürgerkrieg, war. Diese Entwicklung liefert

[1] Der überzeugendste, da historisch fundierte Versuch in dieser Richtung immer noch Brinton.

[2] Die zwei Revolutionen unterscheidet bes. Russell, Origins, 2 f.

[3] Vgl. z. B. Ashton, Civil War, 127 ff.

dabei den leitenden Gesichtspunkt für die historische Analyse der Jahre 1640–1642, die bei der Darstellung der Ziele und Methoden der Politik des Parlaments bzw. des Königs nach den Ursachen für die Ausbildung der königlichen Partei der Kavaliere fragt.

Die politischen Maßnahmen des Parlaments waren während dieser zwei Jahre in sich konsequent sämtlich auf ein Ziel gerichtet: den drohenden Machtzuwachs der Krone durch Festigung der eigenen Position einzudämmen.[4] In einer ersten Phase, die mit der ununterbrochenen Sitzungsperiode des Parlaments bis zum 9. September 1641 identisch ist, wurde diese Politik auf drei verschiedenen Ebenen verfolgt. Zunächst galt es, die Träger der königlichen Politik auszuschalten. Getreu dem alten Verfassungsgrundsatz 'the king can do no wrong' wurden dessen engste Minister und Ratgeber unter Anklage gestellt, allen voran Strafford und Laud, der Staatssekretär Windebank und der Richter Sir John Finch. Alsdann ging das Parlament gegen die Rechtsgrundlagen und Instrumente der Politik der Krone vor. Die Hauptinstanzen der staatlichen sowie der kirchlichen Sondergerichtsbarkeit, besonders der Court of Star Chamber sowie der Court of High Commission, wurden abgeschafft, das Schiffsgeld für ungesetzlich erklärt, die Ausnutzung feudaler königlicher Privilegien zur Gelderhebung künftig verboten, die als Pfund- und Tonnengeld bezeichneten Zölle nun auch unter die Kontrolle des Parlaments gestellt. Zur Ergänzung und Absicherung dieser Maßnahmen, die als rechtsgültige Gesetze auch die Restauration überdauerten und so zusammengenommen das verfassungsrechtliche Erbe der Revolution darstellen, beschloß das Parlament schließlich den sog. 'Triennal Act', der gewährleisten sollte, daß die Einberufung eines Parlaments mindestens alle drei Jahre erfolgte, sowie endlich ein Gesetz, das es dem König untersagte, dieses Lange Parlament ohne dessen Zustimmung aufzulösen oder auch nur zu vertagen. Mit dieser erfolgreichen Politik waren in kurzer Zeit sämtliche Forderungen der Opposition des Country gegen die Zentralgewalt durchgesetzt, und immer wieder wird daher die Frage gestellt, wieso hier nicht haltgemacht wurde. Bürgerkrieg und Revolution erscheinen angesichts der Situation des Frühherbst 1641 unnötig und vermeidbar, lediglich das Ergebnis von "unfortunate accidents and misguided personal decisions"[5]. Zugleich wird mit dieser Zäsur eine säuberliche Scheidung von gesetzeskonformen Akten auf der Basis eines

[4] Die beste Einführung in die politische Konstellation der Jahre 1640–42 bei Kenyon, Constitution, Kap. V.

[5] Stone, Causes, 137.

konservativen Widerstandsrechts einerseits und revolutionären Zielsetzungen und Aktionen andererseits suggeriert. Doch bei genauerer Prüfung wird deutlich, daß die Übergänge fließend sind und die Abfolge der Ereignisse durchaus der Logik der Ausgangssituation entspricht.

Entscheidend für die weitere Entwicklung sollte sein, daß die Erfolge des Parlaments Siege über einen Gegner waren, der sich noch keineswegs geschlagen gab und somit den Bestand der ihm abgenötigten Errungenschaften ständig in Frage stellte. Zwar trugen alle Reformgesetze sowie auch das Todesurteil gegen Strafford die Unterschrift des Königs, wie dies die Verfassung verlangte, aber sie waren nicht das Ergebnis von Kompromissen, sondern erzwungen: Hinter der Fassade der Legalität hatte die Revolution bereits begonnen. In diesem Zusammenhang vertreten nun einige Historiker immer wieder die These, daß die Opposition des Jahres 1640 leicht durch die Neubesetzung der zentralen Regierungsämter hätte integriert werden können.[6] Hinter dem Ausbruch des Konflikts standen so gesehen die ehrgeizigen Pläne einer vom Hof und seinen Pfründen ausgeschlossenen Adelsfraktion, die in den politischen Führern des Unterhauses ihre willfährigen Agenten besaß.[7] Hätte Karl I. nur rechtzeitig den Herzog von Bedford, dessen politischen Bundesgenossen und Wortführer der Unterhausmehrheit, John Pym,[8] sowie weitere Oppositionspolitiker in seine Dienste genommen – wäre Bedford darüber hinaus nicht plötzlich im Juni 1641 gestorben –, ein für alle akzeptabler Kompromiß in Form einer gemäßigten Regierung hätte die Revolution überflüssig gemacht.[9] Doch solche Spekulationen sind nicht nur müßig, sondern irreführend. Zwar bestanden dergleichen Pläne, entsprechende Verhandlungen wurden geführt, doch in Wahrheit waren die Gegensätze bereits unüberbrückbar. Der Prozeß gegen Strafford macht dies deutlich.[10] Bereits am 11. November, vier Tage nach Zusammentritt des Parlaments, stellte Pym den Antrag, Strafford nach dem Verfahren des Impeachment vor dem Oberhaus anzuklagen; und ohne daß eine Untersuchung vorangegangen wäre, stimmte das Haus einmütig für die Eröffnung

6 So z. B. Russell, Origins, 2.

7 Christianson, The Peers, JMH IL, 599.

8 Aus der engen Beziehung zwischen Bedford und Pym nach dem Muster von Klientelverhältnissen eine einseitige Abhängigkeit zu konstruieren (so Christianson, ebd. 577) bleibt Hypothese, die vor allem angesichts der politischen Rolle Pyms nach Bedfords Tod wenig überzeugt.

9 Stone, Causes, 137.

10 Roberts, Responsible Government, Kap. III.

des Verfahrens. Damit sollte nicht nur der König seines fähigsten Ratgebers beraubt werden, sondern darüber hinaus besaß der Hochverratsprozeß gegen den entschiedensten Anwalt einer antiparlamentarischen Politik [11] grundsätzliche Bedeutung, in ihm verdichtete sich der politische Machtkampf geradezu symbolhaft. Als daher im Verlauf dieses Prozesses die juristischen Maßstäbe versagten, denn dem gehorsamen Diener des Königs konnte die Ausführung der königlichen Befehle rechtlich nicht als Hochverrat ausgelegt werden, griff das Unterhaus, um einen möglichen Freispruch zu umgehen, zum sog. 'Act of attainder', durch den es Straffords Schuld und Verurteilung qua Gesetz beschloß. Die Hinrichtung des mächtigsten Dieners der Krone am 12. Mai 1641 vor einer unübersehbaren Menschenmenge markierte den Beginn der Revolution; sie besaß die gleiche Bedeutung wie die Erstürmung der Bastille anderthalb Jahrhunderte später. Bis zuletzt hatte der König versucht, Strafford zu retten und dies zur Bedingung für eine Umbildung der Regierung erhoben, doch Pym und sein Anhang konnten in diesem Punkt keine Zugeständnisse machen, ohne ihre Position im Parlament, auf der ihr politisches Gewicht bei allen Verhandlungen beruhte, entscheidend zu gefährden. Der König wollte und brauchte nach wie vor ergebene Diener im Kampf gegen das Parlament, aber nicht Exponenten einer parlamentarischen Majorität. Da zudem die Differenzen über die Bischofsverfassung der Kirche unüberbrückbar waren, suchte der König zwar weiterhin nach Anhängern im Parlament, verfiel jedoch sogleich wieder den Eingebungen der Günstlinge der Königin, die ihn zum Staatsstreich ermunterten. Nach Versuchen, die Reste der im Norden des Landes stehenden Armee einzusetzen oder gar die Schotten für sich zu gewinnen, gipfelten diese Bemühungen in der spektakulären Unternehmung des 4. Januar 1642, als Karl I. mit seinem bewaffneten Anhang vergeblich im Unterhaus eindrang, um fünf führende oppositionelle Parlamentarier zu verhaften – neben Pym waren es John Hampden, Denzil Holles, Arthur Haselrig und William Strode. Diese Szene bildete den Höhepunkt einer unsteten, sprunghaften, letztlich verhängnisvollen königlichen Politik, die allerdings durchgehend von dem Bemühen geprägt war, keine weitreichenden Kompromisse abzuschließen und bereits gewährte Konzessionen nach Möglichkeit rückgängig zu machen, was nicht nur

[11] Die einzelnen Phasen und Konstellationen des innenpolitischen Wechselspiels zwischen Karl I. und der Opposition sind deutlich herausgearbeitet bei B. Manning, The Aristocracy and the Downfall of Charles I, in: ders. (ed.), Politics, 36 ff.

in Fortsetzung der Grundtendenzen der vorrevolutionären Politik Karls I. zu sehen ist, sondern zugleich konsequente Reaktion auf die Politik des Parlaments war, die trotz aller konservativen Intentionen in ihren Maßnahmen und Methoden von Beginn an revolutionäre Züge trug. So waren vor allem der 'Triennal Act' sowie das gesetzliche Auflösungsverbot des gerade tagenden Parlaments entscheidende Eingriffe in die Rechte der Krone, deren Prärogative beschnitten und damit die Gewichte im Rahmen der Verfassung zugunsten des Parlaments verschoben wurden.[12] Allerdings erfolgte dies nicht in Verwirklichung eines revolutionären Konzepts, sondern als notwendige Maßnahme des Selbstschutzes gegen einen König, der nicht bereit war, Konzessionen zu machen. Aus der Politik des Widerstands erwuchs die Politik der Revolution.

Neu und revolutionär waren dabei besonders die Methoden, derer sich die politische Führungsgruppe im Unterhaus zur Durchsetzung ihrer Ziele bediente. Die Erfolge der Opposition beruhten nicht zuletzt auf ihrer Allianz mit der Londoner Bevölkerung; das 'Volk' trat hier in der ersten Phase der Englischen Revolution als wichtiger, wenn nicht gar entscheidender Faktor der Politik in Erscheinung.[13] London war in der frühen Neuzeit als Zentrum des wirtschaftlichen und politischen Lebens bereits eine echte Hauptstadt. Zusammen mit seinen Vororten belief sich seine Bevölkerung 1640 wahrscheinlich auf mehr als 400 000 Menschen, d. h. 8 % der Engländer drängten sich in der größten Stadt des Landes zusammen, wobei besonders das rapide Wachstum in der ersten Hälfte des 17. Jahrhunderts, das fast zu einer Verdoppelung der bisherigen Einwohnerzahl führte, nahezu unlösbare soziale und verwaltungstechnische Probleme mit sich brachte. Außerhalb der überschaubaren ländlichen Welt versagten die sozialen Ordnungsmechanismen der agrarisch geprägten, hierarchisch gegliederten Gesellschaft, und zugleich hatten mit der raschen Bevölkerungszunahme die Organe und Institutionen der städtischen Verwaltung nicht Schritt halten können, so daß hier ein Unruhepotential bestand, das in Krisensituationen durchaus politisches Gewicht besitzen konnte.

[12] "As a result of today's decision, the King can no longer withstand anything" bemerkte zu Recht der französische Gesandte am Tage der Unterzeichnung des Triennal Act (Roberts, Responsible Government, 98). Vgl. auch Ashton, Civil War, 137.

[13] Zum Folgenden vgl. bes. B. Manning, The English People and the English Revolution 1640–1649, 1976, Kap. I–V, sowie V. Pearl, London and the Outbreak of the Puritan Revolution. City Government and National Politics 1625–1643, 1961.

Bereits vor Einberufung des Langen Parlaments kam es zu unorganisierten und unkoordinierten Zusammenrottungen und Krawallen der Lehrlinge im Verein mit den Gerbern und Handschuhmachern der Stadt. Zielscheibe der Tumulte waren der Londoner Bischofssitz sowie der Court of High Commission, d. h. die Unruhen besaßen eine deutliche antiklerikale bzw. antianglikanische Spitze. Nach Einberufung des Langen Parlaments war dann ein enges Zusammenspiel zwischen der politischen Führungsgruppe im Unterhaus und den Petitionen, Demonstrationen und sonstigen Aktionen der in großen Teilen leicht zu mobilisierenden Londoner Bevölkerung unübersehbar. Zu einer ersten Demonstration geriet die durch Parlamentsbeschluß verfügte Entlassung der puritanischen Prediger Prynne und Bastwick aus dem Gefängnis, in das sie ein Urteil der Star-Chamber im Jahre 1637 geschickt hatte, und denen am 28. November 1640 die Londoner einen triumphalen Empfang bereiteten. Im April forderten dann von Tausenden unterzeichnete Petitionen die Verurteilung Straffords. Allmählich wurde es zur Regel, daß in kritischen Abstimmungssituationen das Volk Westminster belagerte und mißliebige Abgeordnete Spießruten laufen ließ. Den Höhepunkt erreichten diese Demonstrationen, als im Dezember 1641 Gerüchte und Anzeichen für einen Staatsstreich der Krone sich mehrten und die Auswechselung des Kommandanten des Tower nur durch massive Pressionen dieser Öffentlichkeit rückgängig gemacht werden konnte.

Dabei handelte es sich keineswegs nur um den gemeinen Pöbel, der sich hier in wilden Exzessen erging. Wenn auch auf den tumultuarischen Höhepunkten der Ereignisse neben den Lehrlingen, die stets bei den geringsten Anlässen auf die Straße gingen, auch die Vertreter der besitzlosen Unterschicht sich hervortaten, so ist doch unbestritten, daß die Bewegung von respektablen Vertretern dessen, was man heute als bürgerlichen Mittelstand bezeichnen könnte, getragen wurde: Handwerkern und kleinen Kaufleuten. Strittig allerdings bleibt, in welchem Umfang es sich hierbei um selbständige oder von außen initiierte bzw. zumindest gesteuerte Aktionen handelte.[14] Sicherlich hatte die Politisierung breiter Schichten der Londoner Bevölkerung ihre eigenen Wurzeln in den Zirkeln und Gemeinden des religiösen Radikalismus. In

14 Während Manning die Initiative weitgehend bei der außerparlamentarischen Bewegung sieht ("The City was now the parliament's – or rather, the parliament was now the City's." English People, 98), betont Pearl in diesem Zusammenhang die Schlüsselrolle der Abgeordneten der City (bes. 210 ff.). Vgl. auch Farnell (JMH IL) mit seiner Untersuchung der Aktivitäten der oppositionellen Peers.

vielen Petitionen überwogen puritanische, kirchenpolitische Forderungen, und die wirkungsvollsten Reizformeln zur Mobilisierung der Massen lieferte stets die ständig präsente, oftmals an Massenhysterie grenzende Furcht vor der großen katholischen Verschwörung zur Ausrottung des englischen Protestantismus. Zugleich aber ist evident, daß Unterhausmitglieder die wohlabgestimmte Kooperation von parlamentarischer Politik und außerparlamentarischer Aktion steuerten, wobei dem radikalen Londoner Abgeordneten Penington eine Schlüsselrolle zufiel. Bei dieser Allianz blieb allerdings zunächst ein wichtiges Bindeglied ausgespart: die Selbstverwaltungsorgane der Stadt, die zu Beginn der Revolution überwiegend den König stützten. Nicht selten versuchten Bürgermeister und Stadtälteste außerparlamentarische Maßnahmen wie die Initiierung von Petitionen zu blockieren – allerdings meist ohne Erfolg. Am Ende dieser Differenzen stand dann die Machtübernahme durch die radikalen puritanischen Kräfte, die sich Anfang 1642 auch auf der Ebene der Londoner Stadtverwaltung durchsetzten. Geschickte Zusammenarbeit der parlamentarischen Führer mit den puritanischen Predigern hatte diesen Radikalen zu einer Mehrheit im Londoner Common Council verholfen, der bereits im Januar einen Sicherheitsausschuß einsetzte – das Committee of Public Safety als erstes typisches Revolutionsorgan –, der die Kontrolle der städtischen Milizen an sich riß und damit den militärischen Schutz des Parlaments übernahm. Somit war die Allianz perfekt, die von Anbeginn an der Politik des Parlaments durch Machtdemonstrationen der Bevölkerung eine wichtige politische Waffe geliefert hatte. Damit wurde nicht nur für stabile Mehrheiten im Parlament gesorgt, indem man schwankende Abgeordnete unter Druck setzen konnte, vielmehr mußte auch der König diesen Pressionen nachgeben und widerstrebend jene Gesetze unterzeichnen, die seinen Interessen zuwiderliefen. Es kann als sicher gelten, daß vor allem die Verabschiedung der Verurteilung Straffords durch das Oberhaus und die Unterzeichnung dieses Acts durch den König ohne den Druck der außerparlamentarischen Öffentlichkeit nicht erfolgt wäre. D. h. die Politik des Parlaments war erfolgreich, weil sie revolutionär war und nur durch außergewöhnliche Mittel in einer außergewöhnlichen Situation im Rahmen herkömmlicher Legalität durchgesetzt werden konnte.

Revolutionär waren zudem auch die Formen und Methoden der parlamentarischen Arbeit. Erstmals sah sich hier ein englisches Parlament vor die Aufgabe gestellt, aktiv Politik zu machen, seine überlieferte Funktion als deliberierendes Zustimmungsorgan auszuweiten, nicht nur zu reagieren, sondern die Initiative zu ergreifen. Um hierbei politisch handlungsfähig zu bleiben, bedurfte es stabiler Mehrheiten in einer Zeit, die selbstverständlich noch keine Parteien bzw. Fraktionen im Sinne des modernen Parlamentarismus kannte. Auch in diesem Zusammenhang nahm die Religion eine wichtige Rolle wahr, wie es besonders durch die sog. Fasten-Predigten deutlich wird.[15] Im Januar 1642 wurde nämlich auf Antrag des Unterhauses der jeweils letzte Mittwoch eines Monats zum allgemeinen Fastentag erklärt, an dem die Parlamentarier ihre Geschäfte unterbrachen, um gemeinsam der Predigt eines von ihnen dazu auserwählten Geistlichen zu lauschen. Dabei dienten diese über Stunden sich erstreckenden Ansprachen nicht nur der geistlichen Erbauung, sie erfüllten auch wichtige politische Funktionen. Zum einen lieferten sie die in Ermangelung eines organisatorischen Zusammenhaltes doppelt wichtige gemeinsame geistige Basis, bestärkten die Gläubigen in ihrem Tun, appellierten an die Schwankenden. Sie vermittelten nicht nur ein übergreifendes, quasi programmatisches Bezugssystem für die einzelnen politischen Zielsetzungen und Aktionen, sie bereiteten zudem nicht selten gezielt wichtige Abstimmungen vor und erreichten darüber hinaus später als Druckerzeugnisse noch weite Kreise der politischen Öffentlichkeit.[16]

In dem Maße, wie die Errungenschaften der konservativen Reformpolitik auf politischen Pressionen und revolutionären Praktiken beruhten, wurde die Sicherung dieser prekären Erfolge zum vorrangigen politischen Problem, das letztlich in die weitere Eskalation des Konflikts mündete. Dabei spielte die irische Erhebung im Spätherbst 1641 eine entscheidende Rolle. Diese Rebellion der unterdrückten katholischen Iren gegen die englische Herrschaft, der wahrscheinlich mehrere tausend Protestanten zum Opfer fielen, war für die Oppositionsgruppe im Unterhaus zugleich Chance und Gefahr. Auf der einen Seite lieferte sie den wirkungsvollen Beweis für die große katholische Verschwörung und konnte so dazu beitragen, die eigenen Reihen wieder zu festigen, die eigenen Maßnahmen zu rechtfertigen, den kämpferischen Elan erneut anzufachen. Zugleich aber bedurfte es eines schlagkräftigen Heeres, um die lautstark geforderte Rache und Wiedereroberung durchzusetzen. Doch dieses Heer konnte auch gegen das Parlament eingesetzt werden. Um die eigene mühsam errungene Position

[15] Dazu bes. H. R. Trevor-Roper, The Fast Sermons of the Long Parliament, in: ders., Religion, the Reformation and Social Change, 1967, 294 ff., wo der Einsatz dieser Fastenpredigten als strategisches und taktisches Mittel der Politik der parlamentarischen Führung betont wird. Vgl. dazu auch J. F. Wilson, Pulpit in Parliament, 1969.

[16] Trevor-Roper, Fast Sermons, 309.

nicht zu gefährden, mußte das Parlament Einfluß auf den Oberbefehl der Armee zu gewinnen suchen und damit ein zentrales Prärogativrecht des Monarchen in Frage stellen. So verschärfte der irische Aufstand das Dilemma der Situation. Mit der Frage nach der Kontrolle der Heeresführung war zugleich die entscheidende Frage nach der Kontrolle der Regierung gestellt – der Kampf um den Besitz der Staatsmacht in aller Offenheit und Schärfe entbrannt.

Mit der 'Grand Remonstrance' vom November 1641 leiteten Pym und seine Gefolgschaft eine erneute verfassungspolitische Offensive ein, nachdem sie zuvor mit zwei ähnlichen Anträgen im Parlament bereits gescheitert war.[17] Das umfangreiche Dokument rekapituliert zunächst in aller Ausführlichkeit die durch das königliche Regiment der letzten 15 Jahre verursachten Mißstände, um daraus als Forderung zu folgern: "That your Majesty will ... employ such persons in your great and public affairs ... as your Parliament may have cause to confide in", d. h. – modern gesprochen – der Übergang zum parlamentarischen System stand jetzt auf der Tagesordnung. Hinzu kamen bedeutsame kirchenpolitische Postulate, wie Ausschluß der Bischöfe aus dem Oberhaus und generelle Neuordnung der Kirchenverfassung durch eine nationale Synode, Forderungen, wie sie besonders im Zusammenhang mit der popularen Bewegung in London des öfteren bereits artikuliert worden waren.[18] Die Ausweitung des eigenen Programms um diese Postulate ist in erster Linie praktischer Natur bzw. als Konzession an die politische Öffentlichkeit zu werten. Vor allem der Beschluß, das an den König adressierte Dokument zu veröffentlichen, war ein weiterer Schritt auf dem Wege revolutionärer Politik. Mit diesem ersten Ansatz zu einer politischen Öffentlichkeitsarbeit, wobei das Parlament Rechenschaft für seine Politik ablegte, wandte es sich sogleich ab von dem alten und hin zu einem neuen Souverän.[19] Die zunächst defensiv, um der politischen Selbsterhaltung willen formulierten Zielsetzungen mündeten in eine erneute Offensive. Von einer Rückkehr zur alten Verfassung wurde zwar noch gesprochen, konnte jedoch angesichts der revolutionären Indikationen der propagierten Maßnahmen in Wahrheit nicht mehr die Rede sein; die Politik des Parlaments hatte bereits alle historischen Präzedenzfälle hinter sich gelassen. Nach der Veröffentlichung der Grand Remonstrance auf der einen und

17 Roberts, Responsible Government, 109 f.

18 Vgl. die sog. 'Root-and-Branch-Petition' vom Dezember 1640 (Kenyon, Stuart Constitution, 171 ff.), auf die das Parlament wegen ihrer prononcierten antiepiskopalen Zielsetzung zunächst nicht einging.

19 Manning, English People, 49 f.

dem gescheiterten Coup Karls I. vom Januar 1642 auf der anderen Seite waren die Gegensätze in ihrer Unvereinbarkeit endgültig offenkundig. Beide Kontrahenten hatten mit der Verfassung gebrochen, beide bereiteten die bewaffnete Auseinandersetzung vor, der König verließ zu diesem Zweck im Februar die Hauptstadt, nachdem er kurz zuvor noch die Zustimmung zu einem Gesetz über den Ausschluß der Bischöfe aus dem Oberhaus gegeben hatte. Nun folgte zunächst eine Periode der verbalen Auseinandersetzungen; bevor der Konflikt in die militärische Konfrontation mündete, markierten Parlament und König noch einmal ihre Positionen. In den 'Nineteen Propositions' vom Juni 1642 formulierte die Parlamentsopposition noch einmal in aller Schärfe ihre Forderungen, die sich mit der Formel 'Übergang zu einem parlamentarisch geprägten Regierungssystem' zusammenfassen lassen. Indem man gleichzeitig zwischen dem Institut der Monarchie und der Person des Monarchen unterschied, schuf das Parlament die Voraussetzung dafür, im Namen des Königs gegen den König vorzugehen.[20] Die zunehmende Radikalisierung der Position des Parlaments eröffnete dem König neue Chancen: in seiner Antwort auf die 'Nineteen Propositions' präsentierte er sich nun in der Rolle eines konstitutionellen Monarchen als Hüter der überlieferten Verfassung, wobei das Ideal der gemischten Konstitution wirkungsvoll dem unbegrenzten Souveränitätsanspruch des Parlaments entgegengehalten wurde.[21]

Diese deutliche Modifizierung der ursprünglichen monarchischen Position war Ursache, aber auch Folge des Umstands, daß dem anhanglosen König im Verlauf der Auseinandersetzungen eine Partei zuwuchs. So hatten die ebenso geschickte wie wirkungsvolle Antwort auf die 'Nineteen Propositions' Falkland und Colepeper, zwei ehemalige Mitglieder des antimonarchischen 'Country', verfaßt; mit Edward Hyde, dem späteren Earl of Clarendon, gewann Karl einen weiteren führenden Oppositionspolitiker für seine Sache. Folgende Zahlen illustrieren die Entstehung der royalistischen Partei: im November 1640 beschloß das Unterhaus ohne Gegenstimmen das impeachment gegen Strafford. Im Mai 1641 stimmten 59 Mitglieder gegen dessen Verurteilung; ein halbes Jahr später konnte nur noch eine knappe Majorität von 11 die Grand Remonstrance gegen 148 Abgeordnete verabschieden. Schließlich waren 236 der ursprünglich 552 Vertreter des Unterhauses

[20] Vgl. A Declaration of the Lords and Commons . . . vom 6. 6. 1642 (Kenyon, Stuart Constitution, 248 f.).

[21] Auszugsweise wiedergegeben bei Weston, English Constitutional Theory and the House of Lords 1556–1832, 1965, 263 ff.; Kenyon, Stuart Constitution, 21 ff.

(= 43 %) im Bürgerkrieg mehr oder weniger auf seiten des Königs engagiert.[22]

Der Zerfall der anfänglich geschlossenen Opposition und die Formierung der Royalisten hatte im wesentlichen vier Gründe. Nur zum geringen Teil war es die allmählich scheinbar wachsende Konzessionsbereitschaft des Monarchen, die nun gemäßigte Parlamentarier an die Möglichkeit einer erneuten Zusammenarbeit von König und Parlament glauben ließ. Eher noch trugen die verfassungsrechtlich revolutionären Gesetze und Zielsetzungen des Parlaments dazu bei, daß diejenigen, die, um die alte Konstitution zu bewahren, sich dem Monarchen widersetzt hatten, nun in diesem den Garanten politischer Stabilität erblickten. Andere wiederum verschreckten die wachsenden Eingriffe in den Bereich der Kirche, die drohende Abschaffung der Bischofsverfassung. Vor allem aber fürchteten viele die Folgen der zunehmenden Politisierung größerer Teile des Volkes, dessen wachsender Einfluß auf das Parlament die Gefahr einer Radikalisierung heraufbeschwor, die, so meinte man, in Volksherrschaft, in Anarchie enden werde.[23] In dem Maße, wie die Erfolge des parlamentarischen Widerstands auf revolutionären Methoden basierten und in revolutionäre Positionen mündeten, wuchs die Zahl der Gegner dieser Politik, bis sich Royalisten und Parlamentarier als die Parteien des Bürgerkriegs gegenüberstanden. Der Kampf zwischen 'Cavaliers' und 'Roundheads' war somit nicht die Fortsetzung des alten Court-und-Country-Gegensatzes, sondern Folge des Auseinanderbrechens des Country.[24]

22 Hill, Century of Revolution, 121.
23 Dies hebt bes. Manning hervor, English People, 69.
24 Zagorin, Court and Country, 305.

III. DER BÜRGERKRIEG

Mit der Formierung der Royalisten und dem Ausbruch des Bürgerkriegs im Herbst 1642 stellt sich dem Historiker zunächst die Frage nach den Unterscheidungsmerkmalen der beiden jetzt hervortretenden Parteien. Erste Antworten darauf lieferte eine gründliche Analyse der Zusammensetzung des Unterhauses des Langen Parlaments durch D. Brunton und D. Pennington aus dem Jahre 1954.[1] Nach dem Vorbild des für die englischen Parlamente des 18. Jahrhunderts so ergiebigen Forschungsansatzes Namiers [2] sezierten und analysierten die beiden Autoren Struktur und Organisation des Unterhauses und lieferten dabei aufschlußreiche Untersuchungen über Herkunft, Zusammensetzung und politische Ausrichtung einzelner parlamentarischer Gruppen; gleichzeitig veröffentlichte M. F. Keeler die Einzelbiographien der Abgeordneten.[3] Das so aufbereitete Material ließ jedoch auf die Frage nach grundsätzlichen Differenzen zwischen beiden Lagern zunächst nur negative Antworten zu: "We found that Royalist and Parlamentarian, so far as can be judged from the members of the Long Parliament, were very much the same", lautete das Resümee in bezug auf mögliche soziale Unterscheidungkriterien.[4] In der Tat sind auf beiden Seiten Repräsentanten der 'declining' Gentry, der Handelsinteressen, des Juristenstandes nahezu gleichmäßig vertreten. Offenkundig hingegen ist lediglich der Altersunterschied der beiden Gruppen, wobei die Royalisten im Durchschnitt zehn Jahre jünger waren als ihre Kontrahenten – ein Umstand, der heute gelegentlich als Indiz dafür gewertet wird, daß der Ursprung des Konflikts im Widerstand der alten erfahrenen Parlamentarier gegen den revolutionären, moder-

[1] D. Brunton u. D. H. Pennington, Members of the Long Parliament, 1954, 1968.

[2] Vgl. L. Namier, The Structure of Politics at the Accession of George III, 2. Aufl. 1957; ders., England in the Age of the American Revolution, 2. Aufl. 1961. S. auch J. Brooke, The House of Commons 1754–1790: Introductory Survey, 1968.

[3] M. F. Keeler, The Long Parliament 1640–41. A biographical study of its Members, 1954.

[4] Brunton u. Pennington, 19.

nen Grundzug der königlichen Politik lag – wird doch revolutionärer Geist gern als Attribut der Jugend verstanden.

Ansatz, Methode und Ergebnisse der Untersuchung Bruntons und Penningtons sind jedoch wiederholt kritisiert und korrigiert worden. Besonders Hill hat darauf hingewiesen, daß, wenn nicht die prosopographische Analyse der Parlamentarier, so doch die regionale Abgrenzung der beiden feindlichen Lager eine letztlich sozial motivierte Konfrontation deutlich mache.[5] Die Royalisten besaßen im Norden, im Westen unter Einschluß von Wales sowie im äußersten Südwesten ihre Hochburgen, das Parlament kontrollierte den Süden und Osten des Landes. Unter dem ökonomischen Blickwinkel gesehen war dies zugleich die Differenz von wirtschaftlich fortgeschrittenen und rückständigen Landesteilen; wo Handel und Gewerbe, besonders die Tucherzeugung dominierten, war man vorwiegend auf seiten des Parlaments, in den agrarischen Regionen überwiegend königstreu. Diesen wirtschaftsgeographischen Unterscheidungen entsprechen soziale Differenzen, die bereits aufmerksame Zeitgenossen immer wieder hervorhoben. Besonders Richard Baxter ist hier Kronzeuge: "A very great part of the knights and gentlemen of England in the several counties ... adhered to the king ... and most of the tenants of these gentlemen, and also ... the rabble ... On the parliament's side were ... the smaller part (as some thought) of the gentry in most of the counties, and the greatest part of the tradesmen and freeholders and the middle sort of men, especially in those corporations and counties, which depend on clothing and such manufactures ...[6] Zudem implizierten bereits die Parteibezeichnungen soziale Differenzen und entsprechende Diffamierungen: 'Cavalier' für den langhaarigen, herausgeputzten Höfling – 'Roundhead' für den kurzgeschorenen puritanischen Philister. Eine Vielzahl zeitgenössischer Beobachtungen und Beurteilungen stimmt darin überein, daß der überwiegende Teil der Aristokratie sowie die Mehrzahl der Gentry für den König Partei ergriffen, während vor allem der gewerbliche und bäuerliche Mittelstand das Parlament unterstützte – allerdings auch hier als Gefolgschaft einer Führungsgruppe, die ebenfalls dem hohen und niederen Adel entstammte. Eine solche Unterscheidung entspricht darüber hinaus den religiösen

[5] C. Hill, Recent Interpretations of the Civil War, Hist XLI (1956), jetzt auch in: ders., Puritanism and Revolution. Sein Gegenmodell ist ausführlich vorgestellt in: ders., Century of Revolution, 119 ff.

[6] N. H. Keeble (ed.), The Autobiography of Richard Baxter, 1931 u. 1974, 34.

Differenzen, denn gerade unter der 'middling sort' waren die eifrigsten Anhänger eines radikalen Puritanismus zu finden, und das politische Engagement dieser Schicht sollte im weiteren Verlauf der Ereignisse dem religiösen Moment mehr und mehr Gewicht verschaffen.[7] Doch auch diese Interpretation bedarf der Einschränkungen, fordert Einwände heraus.

Zunächst einmal darf die Frontstellung des Jahres 1642 nicht ohne weiteres in die Vorgeschichte des Konflikts verlängert und dieser dann doch wieder als Folge des Gegensatzes von Adel und Bürgertum, von ökonomischem Fortschritt und wirtschaftlichem Stillstand gedeutet werden. Die Geschichte der Entstehung der Bürgerkriegsparteien hat vielmehr gezeigt, daß hier keine ungebrochene Kontinuität vorherrscht und die Formierung der Royalisten Resultat der ersten Phase der Revolution war. Zum andern aber gründen sich die Pauschalurteile über die soziale Zusammensetzung von 'Roundheads' und 'Cavaliers' vornehmlich auf eine weitgehend unkritische Übernahme zeitgenössischer Aussagen, und das heißt zugleich: zeitgenössische Polemiken. Wenn puritanische Flugschriften den wohlanständigen Mittelstand als Stütze des Parlaments herausstellten, wenn Baxter die königlichen Truppen als 'rabble', 'ignorant peasants', 'beggars', 'servile tenants' beschreibt und man zudem weiß, daß der Autor selbst von Royalisten molestiert wurde, dann können dergleichen Zeugnisse nicht ohne weiteres als zuverlässige Aussagen über soziale Realitäten gewertet werden.[8] Wieweit zeitgenössische Propaganda und politische Wirklichkeit mitunter auseinanderklafften, hat erst kürzlich eine Untersuchung der Rolle der englischen Katholiken im Bürgerkrieg demonstriert, die keineswegs als entschlossene Parteigänger zu den Fahnen des Königs eilten, sondern sich vielmehr weitgehend bemühten, nach Möglichkeit Neutralität zu wahren.[9] Nicht zuletzt hat die verstärkte Erforschung des regionalen Aspekts des englischen Bürgerkriegs alle allzu pauschalen Aussagen und Klassifizierungen erheblich modifiziert. Die geographische Aufteilung impliziert keineswegs eine saubere Trennung; weder war der Westen durchweg royalistisch, noch der Südosten ausnahmslos auf seiten des Parlaments – hier bildete z. B. die Grafschaft Kent eine

[7] Vgl. B. Manning, Religion and Politics; the Godly People, in: ders., Politics, Religion, 83 ff., sowie das kurze Resumee bei D. Underdown, Pride's Purge. Politics in the Puritan Revolution, 1971, 9 ff.

[8] Baxter, 40.

[9] K. Lindley, The Part Played by the Catholics, in: Manning, Politics, Religion, 127 ff.

bemerkenswerte Ausnahme.[10] Überhaupt war es jeweils nur eine kleine aktive Minorität, welche die entschiedenen Parteigänger einer jeden Richtung stellte. Nicht nur die überwiegende Mehrheit des Volkes, sondern auch der größere Teil der politischen Nation strebte danach, den bewaffneten Konflikt zu vermeiden bzw. nach Möglichkeit wenigstens in der engeren eigenen Umgebung zu neutralisieren.[11] Entsprechend erfolgte eine Parteinahme dann meist zwangsweise mehr unter dem Eindruck lokaler bzw. regionaler Gegebenheiten als infolge grundsätzlicher sozialer oder ideologischer Positionen. So nutzten etwa rivalisierende Adelsgeschlechter den Bürgerkrieg zur Fortsetzung alter Streitigkeiten, was z. B. in Leicestershire die seit altersher puritanischen Hastings auf seiten des Königs gegen die ebenfalls puritanischen Greys als Anhänger des Parlaments fechten ließ.[12] Anderswo bot der Krieg der Upper Gentry willkommene Gelegenheit, sich von der politischen Vormundschaft der großen Familien des Distrikts zu befreien. Der Druck der Umstände wirkte sich aus, wenn z. B. alle jene Abgeordneten, deren Besitzungen bei Ausbruch des Konflikts im Machtbereich des Königs lagen, sich im Krieg den Royalisten anschlossen.[13]

Lediglich mit dergleichen Einschränkungen läßt sich abschließend feststellen, daß es im Süden und Osten des Landes, besonders in den Städten, aktiven puritanischen Minoritäten gelang, Unterstützung für das Parlament zu mobilisieren, während im Norden und in Wales die einflußreichen Magnaten für den König optierten und damit Anhänger und Abhängige verpflichteten. Sieht man von den religiösen Fanatikern und politischen Aktivisten ab, so erfolgte die Parteinahme unter den Gesichtspunkten lokaler Konvenienz. Nicht selten überwogen dabei Bestrebungen, den bewaffneten Konflikt zu vermeiden oder zumindest von der eigenen Grafschaft fernzuhalten. In keinem Falle aber implizierte der Ausbruch des Bürgerkrieges bereits soziale Gegensätze, denn selbst in jenen Regionen, wo es als Folge der Parteinahme zu regionalen Machtwechseln kam, waren auch die neuen Herren Mitglieder des Adels oder der Gentry.

10 S. bes. A. Everitt, The Community of Kent and the Great Rebellion 1640–1660, 1966. Generell zu diesem Komplex die ausgezeichnete Zusammenfassung bei Morrill, The Revolt, 42–51.

11 Morrill, 36 f.; Ashton, Civil War, 257–260. Eine wichtige Rolle spielten in diesem Zusammenhang die sog. 'Clubmen Associations', in denen sich die Landbevölkerung im Südwesten vielerorts gegen plündernde Soldaten zusammenschloß. Vgl. auch dazu bes. Morrill, 98 ff.

12 Underdown, Pride's Purge, 30.

13 Hill, Century, 120.

Der Verlauf des Krieges ist rasch skizziert.[14] Zu Beginn der Auseinandersetzungen besaßen die Royalisten ein spürbares militärisches Übergewicht, das das Parlament jedoch durch den Besitz von Städten wie London, Gloucester, Plymouth und Hull (mit seinen wichtigen Magazinen) weitgehend ausgleichen konnte; zudem verfügte es über die Flotte. Nach dem unentschiedenen Gefecht von Edgehill (23. 10. 1642) drangen die königlichen Truppen zwar bis an den Stadtrand Londons vor, zogen sich dann jedoch angesichts der verteidigungsbereiten städtischen Milizen kampflos zurück. Daraufhin schlug Karl sein Hauptquartier in Oxford auf, seine Armeen kontrollierten den Norden und Westen des Landes. Im Jahr darauf scheiterte sein großangelegter, von drei Seiten geführter Angriff auf die Hauptstadt wiederum an den Londoner Milizen, die den König zum Abbruch der Belagerung Gloucesters zwangen und kurz darauf bei Newbury vor seinen Truppen nicht zurückwichen. Um das militärische Patt zu überwinden, schloß das Parlament im selben Jahr ein offizielles Bündnis mit den Schotten, wobei es nicht nur die Finanzierung der schottischen Truppen übernahm, sondern zugleich die feierliche Verpflichtung einging (Solemn League and Convenant), das englische Kirchensystem nach dem Muster des schottischen Presbyterianismus zu organisieren. Die Folge war im Sommer 1644 der erste Sieg der neuen Verbündeten bei Marston Moor; nun kontrollierte das Parlament auch den Norden des Landes. Aber die Kapitulation der unter dem Kommando des Grafen von Essex im Südwesten des Landes stehenden Armee bei Lostwithiel sowie ein zweites unentschiedenes Treffen zwischen Royalisten und überlegenen parlamentarischen Streitkräften bei Newbury veränderten erneut die militärische Lage. Erst bei Naseby gelang am 14. Juni 1645 der inzwischen neu formierten Armee des Parlaments der entscheidende Sieg. Im Jahr darauf fiel Oxford, König Karl ergab sich den Schotten, die ihren Gefangenen am 30. 1. 1647 dem Parlament auslieferten – der erste Bürgerkrieg war damit beendet.

Die Ursachen für den Sieg des Parlaments bzw. die Niederlage des Königs sind in der Forschung nicht kontrovers. In diesem Zusammenhang sind besonders drei Aspekte hervorzuheben: der ökonomisch-fiskalische, der strategische sowie der militärisch-organisatorische. Zwei-

[14] Neben den Gesamtdarstellungen von Gardiner, Roots und Wedgwood sind hier für den militärgeschichtlichen Aspekt zu nennen: A. H. Burne u. P. Young, The Great Civil War; a military history of the first civil war, 1642–46, 1959; P. Young u. R. Holmes, The English Civil War. A military history of the three Civil Wars 1642–1651, 1974; A. Woolrych, Battles of the English Civil War, 1961.

fellos verfügte das Parlament, indem es den Osten und Süden des Landes kontrollierte, die größeren Städte auf seiner Seite zu finden waren, über die ergiebigeren Hilfsquellen. Hinzu kam, daß die politische Führung des Parlaments es verstand, eine neue Finanzpolitik administrativ durchzusetzen, die es ihm ermöglichte, diese Ressourcen langfristig zu nutzen und politisch einzusetzen.[15] Zu diesem Zweck wurden Komitees auf lokaler, regionaler und überregionaler Basis eingerichtet, d. h. man bediente sich bei der Bewältigung neuer Aufgaben der aus dem Parlament heraus entwickelten Organisationsform,[16] wobei eine kleine Gruppe erfahrener Fachleute sich als die Technokraten der neuen Herrschaft bewährten[17]. Das neue System besaß seine Schwächen und Mängel – oft setzten sich die auf der unteren Ebene vertretenen regionalen Interessen gegenüber den zentralen Organen (Committee of Safety, seit 1643 Committee of Both Kingdoms) durch – doch aufs ganze gesehen gelang es dem Parlament, Gelder einzutreiben, deren Summen alles bisher Dagewesene weit überschritten. Neue Steuern wie die sog. 'Excise' (eine Verbrauchssteuer auf Artikel des Massenkonsums wie Bier und Tabak – ein Novum im Bereich der englischen Staatsfinanzen), das nach dem Muster des verhaßten Schiffsgeldes erhobene 'Weekly Assessment', darüber hinaus Sonderauflagen für ehemalige Royalisten implizierten eine Revolutionierung althergebrachter Steuerpraxis. Hinzu kamen die Erlöse aus dem Verkauf konfiszierter Besitzungen. Zudem entwickelten die administrativen Organe der neuen Zentralverwaltung eine rüde Praxis; ihre Machtfülle erinnerte in vielem an die alten königlichen Sondergerichte, ihre Maßnahmen verletzten nicht selten jene alten, angestammten Freiheitsrechte der Engländer, zu deren Verteidigung das Parlament seinerzeit aufgerufen hatte.[18]

Demgegenüber war der König vornehmlich auf die finanzielle Unterstützung durch seinen adligen Anhang angewiesen.[19] Doch die lang-

[15] Vgl. Russell, Crisis, 350 ff.; G. E. Aylmer, The State's Servants: The Civil Service of the English Republic 1649–1660, 1973, 8 ff.; Morrill, Kap. II passim.

[16] "... the civil war was won by committees". (D. H. Pennington, The Committee for the Accounts of the Kingdom, in: F. J. Fisher [ed.], Essays presented to R. H. Tawney, 1961, 182.)

[17] L. Glow, The Committee-Men in the Long Parliament, HJ VIII (1965), 1 ff.

[18] Dazu vgl. bes. Morrill, 65.

[19] Ebd., 80 ff.; J. Engberg, Royalist Finances During the English Civil War, Scandinavian Economic History Review, XIV (1966), 73 ff.

fristige finanzielle Überlegenheit des Parlaments wäre nicht zum Tragen gekommen, hätte Karl I. es verstanden, seine anfängliche militärische Überlegenheit im Laufe des ersten Kriegsjahres für einen entscheidenden Sieg zu nutzen. Vielversprechende strategische Ansätze scheiterten an der mangelhaften Ausführung, taktische Erfolge an der Disziplinlosigkeit der Truppe, wobei sich besonders die ansonsten so überlegene königliche Kavallerie hervortat. Wachsender Geldmangel verstärkte dieses Übel, die Soldaten waren zunehmend auf Plünderungen angewiesen, da der Sold ausblieb. Als dann im Laufe der Zeit Karls Rekrutierungsversuche in England scheiterten, begann er, die englischen Milizen in den von ihm kontrollierten Regionen zu entwaffnen, um damit neuformierte walisische und irische Infanterie auszurüsten. So traten zwischen September 1643 und Juni 1644 mehr als 20 000 katholische Iren in den Dienst des Königs, d. h. während das Parlament durch sein Bündnis mit den Schotten eine protestantische Allianz schloß, ließen diese Rekrutierungsmaßnahmen Karl erneut als Bundesgenossen der großen katholischen Verschwörung erscheinen.[20] Dem zunehmenden Verfall der militärischen Organisation der Royalisten stand auf der anderen Seite die durchgreifende Reorganisation des Parlamentsheeres gegenüber, die entscheidend zu den Erfolgen des Jahres 1645 beitrug. Ursprünglich hatten die traditionellen regionalen Milizen den Grundstock der militärischen Macht des Parlaments gebildet, während die eigentlichen Feldarmeen zunächst aus Freiwilligen gebildet, später durch Konskription aufgefüllt wurden. In der Praxis erwies sich jedoch der vorherrschende Regionalismus als ernsthafter Hemmschuh für eine weiträumige Strategie; Befehlshaber wie auch Truppen weigerten sich nicht selten, fern der heimatlichen Grafschaft zu kämpfen. Erst die Bildung der sog. 'New Model Army' um 1645 schuf hier Abhilfe.

Die Forschung hat bislang die Erfolge dieser Armee vor allem einem neuen puritanischen Ethos zugeschrieben[21]: Religiöser Eifer verbunden mit eiserner Disziplin verliehen diesem Heer gegenüber den schlecht besoldeten Haufen des Königs eine qualitative Überlegenheit. Zudem wurde diese 22 000 Mann starke Armee direkt vom Parlament besoldet und an ihre Spitze ein neues Kommando gestellt. Wenn sie schon bald nach ihrer Aufstellung bei Naseby den ersten entscheiden-

[20] J. L. Malcolm, A King in Search of Soldiers. Charles I in 1642, HJ XXI (1978), 25 ff.

[21] Dazu das klassische Werk von C. H. Firth, Cromwell's Army, 2. Aufl. 1962.

den Sieg erkämpfte, dann nicht zuletzt, weil die puritanische Reiterei der 'Ironsides' über die nötige Selbstdisziplin verfügte, um sich nach einem erfolgreichen Angriff nicht in Plündereien zu verlieren, sondern für eine erneute Attacke zu sammeln. Andererseits wird mit Recht davor gewarnt, diese für eine spätere Zeit durchaus zutreffenden Merkmale schon für die Frühzeit der Armee uneingeschränkt gelten zu lassen.[22] Schließlich ging die New Model Army zum großen Teil aus einer Umgruppierung bereits bestehender Einheiten hervor, mehr als 50 % der Infanterie waren zum Dienst gepreßt, und die auffallend geringe Desertierungsrate läßt sich auch auf die zunächst regelmäßig erfolgenden Soldzahlungen zurückführen.[23] Allerdings überwog in den Reihen der Kavallerie, die sich vor allem aus East Anglia rekrutierte, der radikale Puritanismus. Des weiteren nahm im Laufe der Zeit die Zahl der Offiziere, die nicht, wie üblich, den Kreisen der Gentry entstammte, spürbar zu, so daß hier Qualifikation und Rechtgläubigkeit allmählich Rang und Stand ersetzten und die Armee mehr und mehr als Ort und Instrument einer sozialen Umwälzung erschien.

Doch zunächst war wohl für die militärischen Erfolge des Jahres 1645 vor allem entscheidend, daß diese neue Armee ein neues Kommando erhielt, das energisch und kompromißlos den totalen militärischen Sieg über den König anstrebte. Sir Thomas Fairfax als Oberbefehlshaber und Oliver Cromwell als General-Leutnant und Kommandeur der Kavallerie lösten Anfang 1645 die Aristokraten Essex und Manchester ab. Dieses Revirement war zugleich das Ergebnis heftiger politischer Auseinandersetzungen innerhalb des Parlaments gewesen.

Die Historiker des 19. Jahrhunderts hatten – im unerschütterlichen Glauben an die ungebrochene Kontinuität britischer politischer Traditionen – das klassische Zweiparteiensystem des englischen Parlamentarismus auch im 17. Jahrhundert wiederentdeckt: Wie zuvor 'Court' und 'Country' und danach 'Whigs' und 'Tories', so bestimmten 'Presbyterianer' und 'Independenten' das parlamentarische Wechselspiel der Bürgerkriegszeit. Diese Parteibezeichnungen verwiesen zunächst jedoch lediglich auf Differenzen im Bereich kirchenpolitischer Zielsetzungen, d. h. auf unterschiedliche Auffassungen darüber, welche Kirchenverfassung an die Stelle des Episkopalsystems treten sollte. Die Presbyterianer sahen in Schottland puritanische Kirchenorganisation beispielhaft verwirklicht, wo in jeder Gemeinde neben dem Geistlichen

22 Ashton, Civil War, 230; Russell, Crisis, 359.

23 Dazu jetzt die eingehende Untersuchung von M. Kishlansky, The Rise of the New Model Army, 1979.

ein Ältestenrat bestand und aus diesen einzelnen Presbyterien über Zwischenstufen schließlich eine die Landeskirche regierende Synode hervorging. Die Independenten wollten, z. T. nach dem Vorbild der ersten puritanischen Kolonien in Nordamerika, die einzelne Gemeinde als souveräne kirchliche Instanz etablieren. So reduziert sich vom Begriff her der Gegensatz ursprünglich auf die Differenz von zentralisierter bzw. dezentralisierter Kirchenverfassung.[24] Doch der älteren Forschung zufolge entsprachen diesen unterschiedlichen kirchenpolitischen Vorstellungen auch unterschiedliche politische Zielsetzungen: die Presbyterianer wurden mit der Friedenspartei, die Independenten mit der Kriegspartei des Langen Parlaments gleichgesetzt.

Dieser Betrachtungsweise bereitete der amerikanische Historiker J. H. Hexter ein Ende, indem er durch seine Entdeckung der 'Presbyterian Independents' nachwies, daß religiöse und politische Fronten keineswegs parallel verliefen, daß vielmehr ein Großteil der politischen Independenten in ihren religiösen Gemeinden als Kirchenälteste nach presbyterianischem Muster fungierten.[25] Die damit ausgelöste Debatte dauert noch an,[26] und wenn auch hier und da erneut gewisse Korrekturen vorgenommen wurden, so läßt sich doch als gesichertes Ergebnis festhalten, daß von einer simplen Kongruenz von politischen und religiösen Zielsetzungen nicht die Rede sein kann. Im Parlament lassen sich für die Zeit des Bürgerkriegs lediglich politische Gruppierungen unterscheiden, die durch den Antagonismus einer Kriegs- und

[24] Underdown, Pride's Purge, 18; Tai Liu, Discord in Zion: The Puritan Divines and the Puritan Revolution, 1973, hebt allerdings als zusätzlichen theologischen Unterschied hervor, daß die Independenten im Gegensatz zu den Presbyterianern an die unmittelbar bevorstehende Wiederkunft Christi glaubten.

[25] J. H. Hexter, The Problem of the Presbyterian Independents, AHR XLIV (1938), 29 ff. Wiederabgedruckt in: ders., Reappraisals, 163 ff.

[26] Gegen Hexter wandte sich vor allem G. Yule, The Independents in the English Civil War, 1958, der seinerseits bes. von D. Underdown, The Independents Reconsidered, JBSt III (1964), 57 ff., kritisiert wurde. Danach versuchte St. Forster noch einmal, die 'Presbyterian Independents' in das Reich der Fabel zu verweisen und statt dessen wieder die 'Independent Independents' als religiös-politische Partei zu konturieren, stieß dabei jedoch auf vielfältigen Widerspruch. (Vgl. St. Forster, The Presbyterian Independents Exorcized. A Ghost Story for Historians, PP XLIV [1969], 52 ff., sowie: Debate. Presbyterians, Independents and Puritans, ebd. XLVII [1970], 116 ff., mit Beiträgen von B. Worden, V. Pearl, D. Underdown, G. Yule, J. H. Hexter und St. Forster.)

einer Friedenspartei konturiert sind, denn die kirchenpolitischen Differenzen wurden zunächst bewußt ausgeklammert und eingeebnet.[27]

Die gemäßigte Friedenspartei war gewillt, um den Preis der Beendigung des Bürgerkriegs sogar auf wesentliche verfassungs- und kirchenpolitische Forderungen zu verzichten, wie sie noch in der Grand Remonstrance und den 19 Propositions formuliert worden waren. Lediglich eine Restauration des kompromißlosen Episkopalismus Laudscher Prägung war für sie inakzeptabel. Daher plädierte sie für eine vorsichtige Kriegführung und war stets zu Verhandlungen bereit, um nicht durch eine weitere Eskalation und Ausweitung des Konflikts die Grundlagen der bestehenden politischen und sozialen Ordnung noch mehr zu gefährden. Voraussetzung dieser Friedensbereitschaft war die Überzeugung, der König sei letztlich kompromißbereit und werde auch ohne machtpolitische Garantien die Errungenschaften des Jahres 1641 nicht rückgängig machen.[28] Demgegenüber betrachtete die Kriegspartei die bedingungslose Kapitulation des Monarchen als notwendige Voraussetzung eines jeden Friedens. Weitreichende Verfassungsänderungen wurden durchaus in das Kalkül miteinbezogen, wenn auch dezidierte Republikaner wie Henry Marten noch keine Rolle spielten. Entsprechend trat man für eine konsequente Kriegführung ein und betrachtete die aristokratischen Heerführer der Parlamentsarmee – zumal wenn sie wie der Oberkommandierende Essex zugleich Häupter der Friedenspartei waren – mit einer gehörigen Portion Mißtrauen. Zugleich war die Kriegspartei bereit, um des Sieges willen auch die politische Mobilisierung der bislang außerhalb der politischen Nation stehenden Schichten in Kauf zu nehmen.

Doch die politisch engagierten, aktiven Mitglieder des Langen Parlaments lassen sich nicht nach dem traditionellen Muster des Zweiparteiensystems aufteilen. Wiederum war es Hexter, der auf die Existenz einer kleinen, aber einflußreichen parlamentarischen Clique hingewiesen hat, die sog. 'Middle Group', welche aufgrund der ausgeglichenen Stimmenanteile der beiden extremen Gruppierungen meist das Zünglein an der politischen Waage bildet.[29] John Pym führte bis zu seinem Tode 1643 diese dritte Partei, die einen Frieden auf der Basis der Parlamentsforderungen des Jahres 1642 anstrebte. Dabei ging sie

[27] L. Kaplan, Presbyterians and Independents in 1643, EHR LXXXIV (1969), 244 ff.

[28] Gute knappe Zusammenfassung der politischen Zielsetzungen der einzelnen Gruppierungen bei D. Underdown, Pride's Purge, 60 ff.

[29] J. H. Hexter, The Reign of King Pym, 1941; L. Glow, Pym and Parliament, JMH XXXVI (1964), 373 ff.

von der Überzeugung aus, daß nur eine energische Kriegführung den König zur Verhandlungsbereitschaft zwingen könnte. In der Praxis bedeutet dies, daß man zwar oft mit der Kriegspartei stimmte, wenn es um strategische Maßnahmen, die Effektivität der Kriegführung oder die schottische Allianz ging, aber sich gelegentlich auf die Seite der Friedenspartei schlug, um gar zu radikale Maßnahmen vor allem gegen die eigenen militärischen Befehlshaber zunächst abzuwehren. Erfolg und Einfluß dieser Mittelpartei beruhten vor allem auf den Führungseigenschaften, der politischen Konzeption und dem taktischen Geschick Pyms. Es ist daher strittig, inwieweit diese dritte Partei auch noch über Pyms Tod hinaus bestanden hatte, um nun unter Oliver St. John weiterhin als eigenständige politische Kraft bis 1645 eine Rolle zu spielen, oder ob bereits 1643 nur noch zwei politische Gruppierungen im Parlament existierten.[30] In jedem Falle jedoch erfolgte 1645 im Zusammenhang mit der Reorganisation der Armee eine erneute Veränderung der politischen Konstellation in Westminster.

Die militärischen Schlappen des Spätsommers und Herbsts 1644 hatten das Unbehagen an den aristokratischen Befehlshabern der Parlamentsarmee wachsen lassen. Prominentester Kritiker war Oliver Cromwell, der seinem Vorgesetzten, dem Earl of Manchester, dessen "unwillingness to have this war prosecuted into a full victory" vorwarf.[31] Damit wurde Cromwell zum Sprecher der Kriegspartei bzw. der Allianz von Kriegs- und Mittelpartei, die nun allerdings so festgeschmiedet wurde, daß weitere Unterscheidungen zunächst hinfällig werden. Zugleich wuchs das Mißtrauen bei den radikalen puritanischen Kräften in der Armee – wiederum repräsentiert durch Cromwell – gegenüber den verbündeten Schotten, denn inzwischen war offenkundig geworden, daß diese durchaus ihre eigenen Kriegsziele

[30] Das Fortbestehen der Mittelpartei hat zuerst nachgewiesen V. Pearl, Oliver St. John and the 'middle group' in the Long Parliament. August 1643–May 1644, EHR LXXXI (1966), 490 ff.; dies., The 'Royal Independents' in the English Civil War, TRHS, 5. Serie, XVIII (1968), 69 ff. Ihre Ergebnisse haben vor allem Underdown (Pride's Purge, 62) und Ashton (Civil War, 215 f.) übernommen. Dagegen vertreten L. Glow, Political Affiliations in the House of Commons after Pym's Death, Bull. Inst. Hist. Research XXXVIII (1965), 48 ff., sowie J. MacCormack, Revolutionary Politics in the Long Parliament, 1973, die These, zwischen 1643 und 1647 habe eine klare Trennung in Gemäßigte und Radikale die Debatten und Entscheidungen des Parlaments bestimmt. Für eine ausführliche Kritik dieser Ansicht vgl. R. Ashton, Revolutionaries and Rumpers, HJ XVIII (1975), 178–180.

[31] Diese Äußerung Cromwells bei Roots, Rebellion, 92.

verfolgten. Ihnen ging es in erster Linie um die Sicherung ihres presbyterianischen Kirchensystems, die am ehesten durch dessen Ausdehnung auf England gewährleistet schien. Um diesen Preis waren die Schotten auch gewillt, selbst mit dem König ihren Frieden zu machen. Ihre Interessen konvergierten so in zunehmendem Maße mit denen der Friedenspartei, während die radikalen Puritaner im Heer sowie die Anhänger des Independentismus die Unterdrückung durch das rigide Kirchensystem eines intoleranten Presbyterianismus ebenso fürchteten wie den Laudschen Episkopalismus und daher mit der Kriegspartei im Parlament paktierten, die sich ebenfalls von den Schotten verraten sah.[32] Erbitterte Auseinandersetzungen im Bereich der militärischen Führung setzten sich im Parlament fort und gipfelten schließlich in der 'Self-Denying Ordinance' (Dez. 1644–April 1645),[33] derzufolge alle diejenigen militärischen Befehlshaber, die zugleich Mitglieder des Parlaments waren, ihre militärischen Ämter niederzulegen hatten. Da die Armeeführung mehrheitlich mit politisch Gemäßigten besetzt war, konnte das Parlament nun die New Model Army mit einem neuen Kommando aufbauen, und da in diesem Zusammenhang eine Regelung geschaffen wurde, die es Cromwell ermöglichte, trotz seines militärischen Amtes Parlamentsmitglied zu bleiben, endeten diese Auseinandersetzungen mit einem vollständigen Triumph der Kriegspartei. Deren enge Zusammenarbeit mit den Independenten in der Armee sowie andererseits die Allianz der Friedenspartei mit den Schotten hatte nun zu einer klaren Zweiparteienkonstellation geführt, und da hinfort die Neuordnung der englischen Kirche zunehmend an politischem Gewicht gewann, können die beiden parlamentarischen Gruppierungen ab 1645 durchaus als Presbyterianer und Independenten bezeichnet werden.

Also doch Independenten und Presbyterianer, und das heißt zugleich politisch Radikale gegen politisch Gemäßigte, wenn auch erst seit 1645 und nicht seit 1642/43 – eine geringfügige Korrektur – so ließe sich einwenden –, die es eigentlich nur verdiene, in einem Nebensatz Erwähnung zu finden. Dementgegen sind jedoch als wesentliche zusätzliche Ergebnisse der intensiven wissenschaftlichen Bemühungen um die Parteigruppierungen im Langen Parlament festzuhalten:

1. Die Entwicklung verlief keineswegs geradlinig; die fortschreitende

[32] Vgl. zu dieser Entwicklung Underdown, Pride's Purge, 65 ff.

[33] Die komplizierten politischen Manöver, die schließlich zu dieser Verordnung führten, sind dargestellt bei A. N. B. Cotton, Cromwell and the Self-Denying Ordinance, Hist LXII (1977), 211 ff.

Radikalisierung der Politik des Parlaments (d. h. hier besonders Self-Denying Ordinance, New Model Army) war vielmehr das Ergebnis eines komplizierten politischen Wechselspiels mit mehreren Faktoren.
2. Bei den sog. 'Parteien' handelte es sich keinesfalls um durchgebildete, festgefügte Organisationen bzw. Fraktionen. Sie verfügten vielmehr meist nur über einen kleinen, relativ festen Kern von ca. 30 Abgeordneten, d. h. lediglich die knappe Hälfte des in diesen Jahren ca. 200 Mitglieder umfassenden Unterhauses war politisch fixiert, den Rest bildeten Vertreter der unabhängigen Gentry.[34]

Aus beidem folgt:
3. Die Revolutionäre, die Radikalen, waren stets nur eine Minorität – eine Erkenntnis, auf die gerade die moderne englische Revolutionsgeschichtsschreibung großen Wert legt.[35] Aber dennoch waren es die Radikalen, die nach dem Ende des ersten Bürgerkrieges die Revolution in eine neue Phase führten.

[34] Underdown, Pride's Purge, 63; MacCormack, 307.
[35] Dies ist das Fazit der Darstellung Ashtons (Civil War, 347 ff.).

IV. DIE REVOLUTION

1. König – Parlament – Armee

Mit der Kapitulation des Königs war der Bürgerkrieg beendet, aber ein Friede nicht in Sicht. Im Gegenteil: neue Frontstellungen in den Reihen der Sieger führten zu neuen Konflikten, alle Bemühungen um eine dauerhafte politische Lösung scheiterten, mündeten vielmehr in eine fortschreitende Radikalisierung, an deren Ende der Umsturz der alten Verfassung stand, zu deren Verteidigung man ursprünglich angetreten war; eine Zeitlang schien es, als werde das Land endgültig in den Wirren revolutionärer Anarchie versinken.[1]

Der besiegte König war zwar ohne militärische Macht, aber immer noch ein politischer Machtfaktor ersten Ranges. Solange die überwältigende Mehrheit der Sieger an der Staatsform der Monarchie festhielten, waren sie auf den König angewiesen; zu ihm existierte keine Alternative. Aus dieser Stärke der königlichen Position resultierte letztlich die Schwäche der königlichen Politik, denn sie bestärkte Karl zusätzlich in seiner grundsätzlich kompromißlosen Haltung, die ihm jede Konzession an die Rebellen verbot. "You cannot be without me; you will fall to ruin if I do not sustain you" schleuderte der gefangene König den verdutzten Offizieren der New Model Army entgegen, als diese ihm im Sommer 1647 ihr Friedensangebot unterbreiteten.[2] Fest entschlossen, keine weiteren Zugeständnisse zu machen, d. h. vor allem: weder das königliche Kommando über das Militär noch die Episkopalverfassung der anglikanischen Staatskirche aufzugeben, waren alle Verhandlungen Karls nur darauf ausgerichtet, Zeit zu gewinnen, die verschiedenen Verhandlungspartner gegeneinander auszuspielen: die Schotten, das Parlament, die Armee. Die scheinbare Sprunghaftigkeit der königlichen Politik ist somit in Wahrheit die einzige Konstante im politischen Wechselspiel jener Jahre, dessen Hin und Her Karl in seiner Unnachgiebigkeit nur bestärken mußte. Zunächst versuchte er im Sommer 1646 vergeblich, Schotten gegen Engländer und Presbyteria-

[1] Die beste Darstellung der komplexen Ereignisgeschichte der Jahre 1646–1649 jetzt bei Ashton, Civil War, Kap. XI u. XII.

[2] Davies, Early Stuarts, 148.

ner gegen Independenten auszuspielen; statt dessen bestanden die Schotten auf der bedingungslosen Einführung des presbyterianischen Kirchensystems, und noch unannehmbarer für ihn waren die sog. 'Propositions of Newcastle', in denen das Parlament einhellig seine Friedensbedingungen formulierte: Eid auf den 'Covenant', Abschaffung des Episkopalsystems, parlamentarischer Oberbefehl über die Streitkräfte für zwanzig Jahre, Strafmaßnahmen gegen die Anhänger des Königs. Doch bald darauf schien die wachsende Kluft zwischen Parlament und Armee Karl neue Chancen zu eröffnen. Nach dem Ende des Krieges hatten sich im Unterhaus erneut die Mehrheitsverhältnisse geändert; seit Anfang 1647 bestimmten für knapp zwei Jahre im wesentlichen die Presbyterianer, angeführt von Denzil Holles, die Ausrichtung der Politik des Parlaments.[3] Zu diesem Umschwung der parlamentarischen Konstellation hatte eine geschickte Beeinflussung der Ergänzungswahlen durch die Presbyterianer geführt sowie die zunehmende Attraktivität der presbyterianischen Friedenspolitik für die parteilosen Hinterbänkler, deren Abstimmungsverhalten die wachsenden allgemeinen Ressentiments gegen das Heer und die damit verbundene Steuerlast widerspiegelte. So begann das Parlament im Oktober 1646 damit, allmählich seine Truppen zu demobilisieren. Entsprechende Verfügungen für die New Model Army ergingen im Frühjahr 1647: ein Teil der Soldaten sollte entlassen, der größere Teil unter einem veränderten Kommando gegen das immer noch nicht wieder unterworfene Irland eingesetzt werden. Diese Entscheidung war z. T. auch mitbestimmt von einem grundsätzlichen politischen Mißtrauen gegenüber einer Armee, in der ehemalige Diener zu Pferde saßen und mancher kommandierte, der zuvor hatte gehorchen müssen.[4] Da das Parlament jedoch unterließ, eine angemessene Anzahlung auf die seit langem angewachsenen Soldrückstände zu leisten [5] und sich zugleich weigerte,

[3] Underdown unterscheidet auch für diese Zeit noch eine sog. 'Mittelpartei', die nun jedoch in kritischen Situationen öfters mit den Presbyterianern gegen die Radikalen stimmte (Pride's Purge, 85, 88). Zu den Nachwahlen zum Langen Parlament vgl. ders., Party management in the recruiter elections 1645–1648, EHR LXXXIII (1968), 235 ff.

[4] Ashton, Civil War, 294 f.

[5] Während Gardiner noch die Gesamtsumme der fälligen Soldzahlungen mit 33 000 £ angab (Civil War III, 227), beliefen sich die Rückstände neueren Schätzungen zufolge im Frühjahr 1647 auf ca. 2½ Mill. £ (Morrill, 87), wovon bes. die regionalen Streitkräfte betroffen waren. Aber auch der New Model Army schuldete man für 16 (Infanterie) bzw. 43 (Kavallerie) Wochen Sold (Davies, Early Stuarts, 145).

eine Generalamnestie für alle seitens seiner Soldaten unter Kriegsrecht begangenen Delikte zu erlassen, widersetzte sich das Heer den geplanten Maßnahmen.

Dieser Widerstand führte zu einer raschen weitreichenden Politisierung der Armee, wobei die Soldaten hier nicht lediglich ihren Offizieren folgten, sondern aus ihren eigenen Reihen eigene Vertreter wählten – die sog. 'Agitators' –, die als ihre Sprecher gegenüber der Armeeführung auftraten. Eine neue Form der Kommunikation von unten nach oben war damit geschaffen, und es ist in diesem Zusammenhang durchaus nicht abwegig, hier von einer spontanen demokratischen Selbstorganisation der Truppe zu sprechen, wobei diese ersten Vorläufer der Soldatenräte späterer Zeiten einen weiteren Schritt auf dem Wege der Radikalisierung der Revolution markierten. So erhielt, was als Auseinandersetzung über Sold und Demobilisierungsmodalitäten begonnen hatte, rasch eine grundlegende politische Dimension. Schon bald waren in den an das Parlament adressierten Petitionen allgemeine politische Forderungen formuliert, denn das Heer verstand sich nicht lediglich als Söldnerhaufen – "... we are not a mere mercenary army, hired to serve any arbitrary power of state, but called forth ... to the defence of our own and the people's just rights and liberties ...", hieß es bezeichnenderweise in der 'Representation of the Army' vom 14. Juni 1647.[6] Im gleichen Monat brachte die Armee den König in ihre Gewalt [7] und präsentierte ihm eigene, in den 'Heads of the Proposals' aufgelistete Forderungen, die in vielem gemäßigter als die des Parlaments aus dem Jahre zuvor ausgefallen waren [8]. Doch da der Konflikt zwischen Presbyterianern und der Armee sich zunehmend verschärfte, sah der König auch jetzt keinen Anlaß, in ernsthafte Verhandlungen einzutreten.

In dem Maße, wie das Heer als politische Größe sui generis auftrat, bemühten sich die Presbyterianer unter der Führung ihrer Parlamentsfraktion um den Aufbau einer eigenen Armee.[9] Nachdem sie im April zunächst die Kontrolle der Londoner Milizen an sich gebracht hatten, begannen Denzil Holles und seine Anhänger mit dem systematischen

[6] Auszugsweise abgedruckt bei A. S. P. Woodhouse, 404.

[7] Inwiefern dieses Unternehmen mit Wissen oder gar auf Weisung der Armeeführung, speziell Cromwells erfolgte, konnte bis heute nicht geklärt werden. Sicher jedoch ist, daß man rasch politisches Kapital aus dem Vorfall zu schlagen verstand.

[8] Kenyon, Stuart Constitution, 302 ff.

[9] Dazu jetzt V. Pearl, London's Counter Revolution, in: Aylmer, The Interregnum, 29 ff.

Aufbau einer ihnen ergebenen militärischen Macht, die an die Stelle der New Model Army treten sollte und deren Kern aus ehemaligen Royalisten, den sog. 'reformadoes' gebildet war. Als dann im Laufe des Sommers 1647 die Mehrheit des Parlaments vorübergehend gegen die Presbyterianer die Politik der Armeeführung unterstützte, die Londoner Milizen wieder unter die Kontrolle der Independenten stellte und elf führende Presbyterianer der gegenrevolutionären Verschwörung anklagte, drang am 26. Juli eine aufgebrachte und aufgestachelte Menge, angeführt von den Londoner Lehrlingen, gewaltsam in das Parlament ein und erzwang die Zurücknahme der in den letzten Wochen ergangenen Gesetze. Wie die Londoner 1641 die Revolution gestärkt hatten, so trug jetzt die Mehrheit der städtischen Bevölkerung, geleitet von der presbyterianischen Führungselite, die offene Gegenrevolution; 56 Abgeordnete der Gegenseite, darunter der Sprecher des Hauses, begaben sich in den Schutz der Armee. Diese besetzte daraufhin am 4. August die Hauptstadt, bereitete dem Terror der gegenrevolutionären Banden ein Ende und stellte die Freiheit des Parlaments wieder her.

In den nächsten Monaten herrschte eine Art Waffenstillstand zwischen Heer und Parlament, wozu die wachsende Gefahr einer erneuten militärischen Offensive des Königs wesentlich beitrug. Karl war am 11. November 1647 aus dem Gewahrsam der Armee auf die Insel Wight geflohen. Nun brachen in vielen Landesteilen royalistische Aufstände aus, der König schloß ein Bündnis mit dem schottischen Adel, dessen Heer im Juli 1648 in England einfiel. Im Verlauf dieses sog. 'Zweiten Bürgerkriegs' bewies die New Model Army erneut ihre militärische Überlegenheit; nachdem sie zunächst die aufständischen Regionen (bes. Süd-Wales, Kent und Essex) unterworfen hatte, überrannten Cromwells Reiter im August 1648 bei Preston die Schotten und bereiteten ihnen eine vernichtende Niederlage.

Nach dem Sieg brachen die Gegensätze zwischen Parlament und Heer erneut auf. Während die Militärs aufgrund der Ereignisse und Erfahrungen der letzten Monate eine politische Lösung ohne den König anstrebten, zeigte sich die Mehrheit des Parlaments, zu der nun auch eine Reihe führender Independenten zählte, erneut verhandlungsbereit und versuchte, in dem sog. Vertrag zu Newport mit Karl sich zu einigen, statt ihn – wie es in den Reihen der Armee nun unverhohlen verlangt wurde – persönlich zur Verantwortung zu ziehen.[10] Im Ein-

[10] Underdown sieht darin das Ende der Politik der alten Mittelpartei, die ihre Ziele – eine Neuordnung der Verfassung im Rahmen überlieferter Legali-

vernehmen mit dem radikalen Flügel des Unterhauses besetzte daraufhin das Heer erneut die Hauptstadt, und am Morgen des 6. Dezember 1648 blockierte ein militärisches Kommando unter Colonel Thomas Pride die Eingangstreppe des Parlaments, um insgesamt 231 der 471 Abgeordneten teils zu verhaften (45), teils am Betreten des Hauses zu hindern (186).[11] Nach dieser Säuberung ('Pride's Purge') blieb nur noch ein Rumpf-Parlament bestehen, das am 28. 12. beschloß, dem König den Prozeß zu machen. Am 28. Januar 1649 wurde Karl I. zum Tode verurteilt und am 30. Januar in Whitehall öffentlich hingerichtet. Bereits kurz zuvor hatte das Parlament in einer Resolution das Prinzip der Volkssouveränität als die Basis des englischen Staates verkündet[12], am 6. 2. schaffte es das Oberhaus ab, am 17. 3. erging der 'Act for abolishing the Kingly office in England', des Königs Name wurde aus den Urkunden getilgt, England war Republik, die politische Revolution vollendet.

Die revolutionäre Dimension der hier knapp skizzierten Entwicklung erschließt sich jedoch nicht durch die bloße Chronik, dazu bedarf es einer genaueren Einschätzung der einzelnen Faktoren, des Umfangs und der Intensität der politischen Radikalisierung. Gerade diesem Aspekt hat die englische Geschichtswissenschaft in letzter Zeit besondere Aufmerksamkeit gewidmet.[13]

Die Forcierung der revolutionären Entwicklung war an entscheidenden Punkten stets von den Einwirkungen einer im weitesten Sinne politisch engagierten Öffentlichkeit begleitet gewesen, wobei strittig ist, wieweit diese – spontan organisiert – sich als treibende Kraft erwies oder – von oben mobilisiert – lediglich zur Unterstützung bestimmter Aktionen eingesetzt wurde.[14] Dabei bildete diese politische Öffentlichkeit stets nur eine Minorität, die große Masse der Engländer blieb politisch inaktiv bzw. politisch neutral. Wahrung der Neutralität, oder

tät – nun nicht mehr mit der Unterstützung der Armee verwirklichen konnte (Pride's Purge, 105).

11 Zu diesen Zahlen ebd., 210–220.

12 "... the Commons of England, in Parliament assembled, do declare, that the people are, under God, the original of all just power". (Resolution vom 4. 1. 1649, Kenyon, Constitution, 324.)

13 Neben den Arbeiten Ashtons, Underdowns, Mannings und Morrills verdient in diesem Zusammenhang besondere Erwähnung C. Hill, The World turned Upside Down. Radical Ideas during the English Revolution, 1972.

14 Deutlich wird dies in den unterschiedlichen Bewertungen der Aktionen der Londoner Bevölkerung während der ersten Phase der Revolution. Vgl. o. Kap. II, Anm. 14.

besser: das Ziel, die Mißhelligkeiten der Revolution und des Bürgerkrieges abzuwehren und fernzuhalten, lieferte sogar nicht selten den Anstoß zur politischen Aktion. Herausragendes Beispiel hierfür waren die sog. 'Clubmen', die sich 1644 im Westen des Landes organisierten zur Abwehr jeglicher militärischer Invasion, gleich von welcher Seite.[15]

Darüber hinaus kann die politisch aktive Minorität keineswegs mit den radikalen revolutionären Kräften gleichgesetzt werden. Ein Großteil der politischen bzw. politisch mobilisierten Öffentlichkeit war antirevolutionär. Die Londoner Gegenrevolution des Sommers 1647 sowie die zahlreichen Erhebungen des Jahres 1648 in den Grafschaften, meist spontan, durchweg unkoordiniert, die den zweiten Bürgerkrieg in vielem als Aufstand der Provinzen gegen Parlament und Armee als die Exponenten der Revolution erscheinen lassen, legen hiervon Zeugnis ab. Es kann daher im Zusammenhang mit der Englischen Revolution keinesfalls von 'revolutionären Volksmassen' die Rede sein. Daß Revolutionen in der Regel von Minoritäten gemacht werden, deren Aktivität und zielgerichtete Entschlossenheit sie allerdings zu entscheidenden politischen Faktoren werden läßt, – diese Binsenweisheit gilt es zu betonen, bevor die Untersuchung der treibenden Kräfte der Revolution in den Mittelpunkt der Darstellung tritt.

2. *Die Levellers*

In den entscheidenden Jahren 1647/48 hatte sich die New Model Army nicht nur als schlagkräftiges militärisches Instrument, sondern auch als politischer Faktor ersten Ranges und dabei schließlich als radikaler Kontrahent des Parlaments und Movens einer revolutionären Entwicklung erwiesen, die in Pride's Purge, der Hinrichtung des Königs und der Errichtung der Republik kulminierte. Doch auch die Armee war keine homogene politische Größe, ihre politischen Aktivitäten waren vielmehr durch das Spannungsverhältnis von gemäßigter Führungsspitze (den sog. 'Grandees' mit Fairfax, Cromwell und dessen Schwiegersohn Ireton an der Spitze) und politisch radikalisierten Heeresteilen bestimmt. Beide Positionen waren in dem im Juni zum 'General Council of the Army' erweiterten Führungsgremium der Armee vertreten, dem neben den Offizieren nun auch jeweils zwei gewählte Vertreter eines jeden Regiments, die sog. 'Agitators', angehör-

[15] Zu diesem bislang wenig beachteten militanten Neutralismus vgl. Morrill, 98 ff.

ten. Beide Seiten waren sich zunächst einig in ihrem Widerstand gegen die Modalitäten der geplanten Auflösung des Heeres durch das Parlament, einig in ihrer Forderung nach religiöser Toleranz, einig auch in dem Streben nach einer dauerhaften politischen Lösung. Doch bereits in dem ersten allgemeinen politischen Programm der Armee, dem 'Solemn Engagement of the Army' vom 5. Juni 1647 [16], tauchten Forderungen auf, die auf den wachsenden Einfluß der 'Agitators' zurückzuführen sind: Auflösung des Langen Parlaments, Neuwahlen auf der Basis eines reformierten Wahlrechts. Und als dann die Armeespitze gemeinsam mit den Independenten des Parlaments versuchte, sich mit dem König auf der Basis der gemäßigten 'Heads of the Proposals' zu einigen, setzten dem inzwischen neu gewählte Soldatenvertreter in der Flugschrift ›The Case of the Army Truly Stated‹ ihr eigenes Verfassungsprogramm entgegen.[17] Wo sich die 'Heads' im verfassungspolitischen Bereich mit der Einführung regelmäßiger Legislaturperioden für das Parlament und einer Umverteilung der Unterhaussitze zugunsten der Grafschaften begnügten, forderten die 'Agitators' nicht nur das allgemeine Wahlrecht für alle unbescholtenen, freien Männer Englands auf der Grundlage der Volkssouveränität, sondern zugleich die Bindung des Parlaments an ein übergeordnetes Verfassungsgesetz. Der Schritt von den konkreten Beschwerden der Soldaten, wie sie in den ersten Petitionen des März ihren Niederschlag gefunden hatten, hin zu einem revolutionären politischen Programm war damit vollzogen und zugleich deutlich geworden, daß ebensowenig wie das Parlament das Heer eine einheitliche politische Größe darstellte.

Diese Wandlung der Armee zum wichtigsten außerparlamentarischen politischen Faktor erfolgte zugleich wesentlich unter dem Eindruck und der Einwirkung einer außerhalb des Heeres stehenden politischen Gruppierung, den sog. 'Levellers', deren Mitwirkung an ›The Case of the Army Truly Stated‹ erwiesen ist.[18]

Jede Frage nach der revolutionären Dimension von englischem Bürgerkrieg und Interregnum muß der Antwort auch ein Studium der Levellerbewegung zugrunde legen, die in ihrer kurzen Geschichte geradezu exemplarisch Möglichkeiten und Grenzen der Englischen Revolution demonstrierte.[19] Ausgangspunkt des politischen Radikalismus

[16] Textauszüge bei Woodhouse, 401 ff.

[17] Ebd. 429 ff. Vollständig bei D. M. Wolfe, Leveller Manifestoes of the Puritan Revolution, 2. Aufl. 1967, 196 ff.

[18] Wolfe, 47 f., 196 f.

[19] Die ausgewogenste moderne Gesamtdarstellung lieferte J. Frank, The Levellers: A History of the Writings of three Seventeenth-Century Social

der Levellers war die Situation der Londoner freikirchlichen Gemeinden der Separatisten und Baptisten angesichts der zunehmenden Verfolgungen durch ein Parlament, das mehr und mehr seine Kirchenpolitik zum Instrument der Intoleranz presbyterianischer Eiferer werden ließ.[20] In dieser Situation meldeten sich John Lilburne, William Walwyn und Richard Overton, die führenden Köpfe der späteren Levellerbewegung, erstmals zu Wort. Mit ihrer Forderung der Gewissensfreiheit, die nach Meinung konservativer Puritaner gefährliche Ketzerei und schließlich Anarchie zur Folge haben mußte, gerieten sie rasch in unmittelbaren Gegensatz zu dem Langen Parlament der Presbyterianer, das in jenen Jahren des verfassungsrechtlichen Ausnahmezustands nicht selten in Ausübung seiner nun faktisch unbegrenzten Souveränität Justiz in eigener Sache zu üben pflegte. Vor allem Lilburne wurde alsbald prominentes Opfer solcher Verfahren, und in unermüdlichem publizistischem Kampf gegen eine neue Justiz politischer Willkür verstand er es, sich der Öffentlichkeit als Anwalt der alten englischen Freiheitsrechte zu präsentieren, die es nun gegen das siegreiche Parlament zu verteidigen gelte. Im Laufe dieser Auseinandersetzungen entwickelten die Levellers ein komplettes politisches Reformprogramm, das neben Verfassungsänderungen auch weitreichende Forderungen nach Rechtsreform, Abschaffung der Monopole der privilegierten Handelsgesellschaften und Steuerreform enthielt und in dessen Zentrum Rechtssicherheit und Rechtsgleichheit als die Basis allgemeiner individueller Freiheit standen. Um diese Freiheit auch vor dem Zugriff der souveränen Volksvertretung zu sichern – und hier schlugen sich die Erfahrungen der letzten Jahre nieder –, verlangten sie die ausdrückliche Bindung des Parlaments an ein übergeordnetes unabänderliches Recht, d. h. die Levellers wurden damit die ersten Anwälte einer geschriebenen Verfassung in England.

Dieses Programm formulierten die Levellers nicht nur in verschiedenen Flugschriften einzelner Autoren, sondern sie präsentierten es

Democrats: John Lilburne, Richard Overton, William Walwyn, 1955 u. 1966, die umfangreichste, durch die leidenschaftliche Parteinahme des Autors für seine Helden im historischen Urteil zuweilen unausgewogene Geschichte der Levellers H. N. Brailsford, The Levellers and the English Revolution, ed. C. Hill, 1961, die beste knappe Einführung G. E. Aylmer, The Levellers in the English Revolution, 1975, eine mit einer ausführlichen Einleitung versehene Quellensammlung. – Die wichtigsten Schriften der Levellers sind ediert bei: Wolfe sowie W. Haller, G. Davies, The Leveller Tracts 1647–1653, 1944 u. 1969.

20 S. u. Kap. IV, 3.

darüber hinaus in einer Reihe großer Petitionen, die oftmals mit vielen tausend Unterschriften versehen waren, dem Parlament, das sie dann regelmäßig verwarf und die Verfasser nicht selten unter Anklage stellte.

In dieser Situation knüpften die Levellers enge Kontakte zu den 'agitators' und trugen damit erheblich zur Politisierung und Radikalisierung der Soldaten bei, während umgekehrt diese Allianz mit Teilen des Heeres die Levellers nun erst recht zu einem bedeutsamen politischen Faktor werden ließ. Ihr Einfluß auf die Armee erreichte seine Höhepunkte, als im Oktober 1647 und um die Jahreswende 1648/49 die als 'Agreements of the People' bezeichneten Verfassungsentwürfe im Großen Rat der Armee jeweils drei Tage lang ausführlich diskutiert wurden.[21]

Der in diesen Agreements skizzierte Staat ist Republik mit einem nur aus einer Kammer bestehenden Parlament als Legislative. Als Treuhänder des souveränen Volkes verfügt dieses von allen freien Engländern gewählte Haus allerdings nicht über die uneingeschränkte Souveränität, seine Macht findet ihre Schranken an den Freiheitsrechten der Bürger, die in einem rudimentären Grundrechtskatalog fixiert sind.[22] Im Zentrum dieser Reservatrechte stehen als die fundamentalen Freiheitsgarantien für den einzelnen Gewissensfreiheit und allgemeine Rechtsgleichheit. Dieses weit in die Zukunft weisende Programm zieht zugleich die Konsequenz aus der politischen Entwicklung seit 1642, indem es nicht nur die radikale Neugestaltung der de facto zerstörten Verfassung fordert, sondern auch in folgerichtiger Weiterführung überlieferter Freiheitsparolen die Geburtsrechte der Engländer nun konkret realisieren sollte.

Die historische Beurteilung dieses politischen Programms ist in jüngster Zeit kontrovers diskutiert worden. Nachdem die Levellers zunächst lange Zeit entweder übergangen oder als unbedeutende Extremisten, als Akteure an der Peripherie des großen Konfliktes zwischen Mon-

[21] Die verschiedenen Agreements bei Wolfe; die Debatten sind größtenteils durch ein zeitgenössisches stenographisches Protokoll überliefert, die sog. Clarke Manuscripts (beste Edition bei Woodhouse).

[22] Mit zentralen Begriffen aus dem Bereich der Verfassungskonzeption beschäftigen sich zwei jüngere deutsche Dissertationen: W. Wittwer, Grundrechte bei den Levellern und der New Model Army. Ein Beitrag zur Vorgeschichte des Menschenrechtsgedankens, 1972, und M. Gralher, Demokratie und Repräsentation in der Englischen Revolution. Studien zur demokratischen Repräsentation in der Pamphletistik der Leveller im England des 17. Jh., 1973.

archie und Parlament abgetan worden waren,[23] feierte man sie später als wegweisende Vorläufer des modernen liberalen, auf demokratischer Grundlage organisierten Rechtsstaates,[24] bis dann der kanadische Politologe C. B. Macpherson die Levellers als typische Vertreter des sog. 'Besitzindividualismus' bezeichnete, die, keineswegs demokratisch ausgerichtet, die Freiheit lediglich als Funktion des Privateigentums begriffen [25]. Macpherson entwickelte diese These aus einer scharfsinnigen Analyse der verschiedenen Wahlrechtsforderungen der Levellers, die, so folgerte er, mit ihren Qualifikationen und Einschränkungen u. a. alle Lohnabhängigen von der politischen Freiheit ausschloß. Während einige, wie C. Hill, zunächst vorbehaltlos diese Ergebnisse übernahmen,[26] haben andere durch quellenkritische und begriffsgeschichtliche Analysen Macphersons Resultate erheblich modifiziert und korrigiert [27]. Vor allem geht es darum, die politischen Zielsetzungen der Levellers nicht mit Maßstäben zu messen, die den Interessen, Möglichkeiten und Bedingungen der Zeit nicht entsprechen: Liberalismus oder Demokratie ist für das 17. Jahrhundert keine relevante Alternative.

Desgleichen ist es weitgehend müßig, die Levellers noch einmal in 'Levellers' und 'True Levellers' einzuteilen, die bloß politischen Revolutionäre von den sozialen und damit wahrhaften Revolutionären zu unterscheiden.[28] Wenn auch Walwyn und Overton im Gegensatz zu Lilburne gelegentlich sozialkritische Töne anschlagen und soziale Forderungen erheben, so lassen sich daraus keine tiefgreifenden ideologischen Differenzen ableiten. Die wahren Sozialrevolutionäre der Englischen Revolution existierten außerhalb der Levellerbewegung, wie z. B. die oft als Vorläufer des Kommunismus bezeichneten sog. 'Diggers', welche

[23] Bezeichnend für diese Tradition die Behandlung der Levellers durch Trevelyan, England under the Stuarts, sowie Davies, The Early Stuarts.

[24] "The Levellers at the very birth of political democracy stated its full theoretical implications" (P. Zagorin, A History of Political Thought in the English Revolution, 1954, 41).

[25] Macpherson, dt. Ausg. 1967, Abschnitt III, bes. 176 ff.

[26] Z. B. C. Hill, Pottage for Freeborn Englishmen: Attitudes to Wage-Labour, in: ders., Change, 223 f.

[27] J. C. Davis, The Levellers and Democracy, PP XL (1968); K. Thomas, The Levellers and the Franchise, in: Aylmer, Interregnum, 57 ff.; P. Wende, 'Liberty' und 'Property' in der politischen Theorie der Levellers. Ein Beitrag zur Entstehungsgeschichte des politischen Individualismus im England des 17. Jh., ZHF I (1974).

[28] So Hill, The World, Kap. VII (3), unter Bezugnahme auf den russischen Historiker M. A. Barg, bes. 91. Zur Kritik dieser These s. Aylmer, Levellers, 49.

sich selbst 'true levellers' nannten und 1649 unter der Führung Gerrard Winstanleys sich in der gemeinsamen Bewirtschaftung und Nutzung des St. George's Hill in Surrey versuchten;[29] aber politisch blieb diese Gruppe ohne große Bedeutung und ohne Folgen. Historisch bedeutsam hingegen ist, daß die Forderungen der Levellers – gleich ob man sie heute als liberal, demokratisch oder sozialistisch einordnet – den Parlamentariern, den Armeeführern und dem größten Teil der politischen Nation des englischen 17. Jahrhunderts zu weit gingen, zu revolutionär waren, weil sie unabsehbare Folgen implizierten. In jedem Falle bedrohten sie ernsthaft die uneingeschränkte politische Vormachtstellung der traditionellen Führungsschicht, und darüber hinaus erschien vielen die geforderte Ausweitung der politischen Rechte auf der Basis der Volkssouveränität nicht nur als Revolutionierung der überlieferten Statusordnung, sondern auch als der Beginn der sozialen Revolution. Wer allen das Wahlrecht verleihen will, "must deny all property too", hält Ireton als 'Chefideologe' der Armeeführung auf der Versammlung zu Putney den Wortführern der Levellers entgegen.[30]

So ließen die Diskussionen über die Agreements der Levellers einen Gegensatz deutlich werden zwischen den 'Grandees' der Armeespitze auf der einen und den 'Agitators' und Levellers auf der anderen Seite. Ebensowenig wie das Parlament war das Heer politisch homogen. In dieser Situation gelang es Cromwell und Ireton durch geschicktes Taktieren, sich an beiden Fronten – gegen Presbyterianer wie Levellers – letztlich durchzusetzen. Zunächst nutzte man gegen das Parlament die fortschreitende Politisierung der Soldaten, machte Konzessionen, indem man u. a. den 'Agitators' Sitz und Stimme im Großen Rat der Armee zubilligte; dann, als vor dieser Allianz die Gegenrevolution kapituliert hatte, führten die 'Grandees' die Auseinandersetzung mit dem linken Flügel und verhinderten die Annahme des 'First Agreement of the People' durch die Armee. Die darauf folgende Meuterei zweier Regimenter erstickten Cromwell und Fairfax im Keim. Ein Jahr später wiederholte sich dieses Spiel. Angesichts der im Vertrag zu Newbury sich als Möglichkeit abzeichnenden Einigung von Parlamentsmehrheit und König suchten Cromwell und Ireton erneut die Unterstützung der Levellers. Wiederum wurde mit ihnen über einen neuen Verfassungsentwurf debattiert, und als Anfang 1649 die Gefahr von rechts erneut gebannt war, ließen die Armeeführer abermals ihren

[29] Vgl. dazu die wichtige Quellenedition von C. Hill, Gerrard Winstanley, Law of Freedom and other Writings, 1973.

[30] Woodhouse, 58.

linken Bundesgenossen fallen. Eine Revolte einiger Truppen aus Anlaß eines am 1. Mai 1649 veröffentlichten 3. Agreements scheiterte wiederum an dem entschlossenen Vorgehen Cromwells.

Nur im Bunde mit der militärischen Macht hätte eine Radikalisierung der Revolution im Sinne des politischen Programms der Levellers stattfinden können. Doch diese Allianz scheiterte bereits 1647. Die Debatten zu Putney markierten so betrachtet den Höhe- und Wendepunkt des revolutionären Prozesses. Forthin stand die Armee als der entscheidende politische Machtfaktor nicht mehr wie bisher auf der Seite der Revolution. Dieser für den Verlauf bzw. die Umkehrung der Entwicklung entscheidende Konflikt zwischen den Levellers und den Independenten in Parlament und Armee besaß zugleich eine religiöse Dimension, verdeutlicht die Diskrepanz von weltlichem und religiösem Radikalismus und verweist damit erneut auf den Begriff der 'Puritanischen Revolution'.

3. Die 'Puritanische' Revolution

"For religion was not the thing at first contended for, but God brought it to that issue at last, and gave it unto us by way of redundancy; and at last it proved that which was most dear to us", – diese Äußerung Cromwells aus dem Jahre 1655 wird häufig zitiert zur Charakterisierung der Rolle der Religion in der Zeit von 1640–1650.[31] Allerdings darf dieser Satz nicht dahingehend mißverstanden werden, als gliederten sich die Ereignisse in zwei Etappen, wobei die puritanische schließlich die politische Revolution ablöste, indem der religiöse an die Stelle des weltlichen Radikalismus trat. Die Bedeutung des Puritanismus bzw. der theologisch-kirchenpolitischen Differenzen für den Ausbruch der Revolution ist bereits deutlich gemacht worden. Beides – Religion wie Politik – war von Anbeginn an präsent und dabei keineswegs säuberlich zu trennen, sondern vielfach ineinander verschränkt und verwoben. Dennoch kennzeichnet Cromwells Formel hinlänglich den Stellenwert religiös-kirchlicher Probleme im Rahmen der Politik des Langen Parlaments. Zwar war man sich von vornherein einig in der Opposition zum Anglikanismus, aber die heikle Frage nach der Reorganisation des staatlichen Kirchensystems blieb zunächst ausgeklammert; zwar tagte seit dem Sommer 1643 die vom englischen Parlament einberufene Versammlung zu Westminster (Westminster

[31] W. C. Abbott, The Writings and Speeches of Oliver Cromwell, 1937–47, III, 586.

Assembly), die, aus 120 englischen Geistlichen, 30 Abgesandten des Unter- und Oberhauses sowie 8 schottischen Vertretern bestehend, eine neue Kirchenverfassung ausarbeiten sollte; aber die gegensätzlichen Interessen von Parlamentariern, die nicht auf eine staatliche, d. h. parlamentarische Kontrolle der Kirche zu verzichten bereit waren, und der Mehrheit der Geistlichen, die eine souveräne presbyterianische Kirche einzurichten beabsichtigten, ließen alle Bemühungen um eine Neuorganisation der Kirche zunächst scheitern.[32] Erst nachdem im Juni 1646 die Westminster Assembly der staatlichen Gewalt ein gewisses Maß an juristischer Oberaufsicht über die Kirche konzedierte, stimmte das Parlament der Einrichtung des presbyterianischen Kirchensystems in England zu. Dabei stand der Mehrheit der Versammlung eine radikale puritanische Minorität gegenüber, die, angeführt von den entschiedenen Independenten Thomas Goodwin und Philip Nye, die Freiheit der einzelnen Gemeinden gewahrt wissen wollten. Ihr Widerstand fand Rückhalt bei den zahlreichen freikirchlichen Gemeinden, welche nach dem Zusammenbruch des anglikanischen Systems sich außerhalb der überlieferten Kirchensprengel gebildet hatten, sowie dem wachsenden Separatismus in den Reihen der New Model Army und führte schließlich dazu, daß im September 1650 das Rumpf-Parlament durch Widerruf der entsprechenden elisabethanischen Kirchengesetze alle religiöse Konformität und jeglichen Kirchenzwang aufhob. Da zudem eine nationale presbyterianische Synode niemals zusammentrat, war das englische Kirchenregiment der 50er Jahre de facto durch weitgehende, zumindest das gesamte protestantische Spektrum erfassende Toleranz gekennzeichnet.

Gemessen an den Normen der Zeit war dieses Ergebnis revolutionär, denn damit war der staatspolitische Grundsatz religiöser Konformität aufgegeben und zugleich der Verzicht auf eine allgemein gültige, dogmatisch gesicherte religiöse Wahrheit ausgesprochen. An die Stelle einer allein seligmachenden Kirche trat der freie Wettbewerb der Kirchen, die, jede auf ihre Weise, nach Gewißheit strebten, wobei Gewissensfreiheit die notwendige Voraussetzung dieses Strebens war.[33]

[32] Zur Kirchengeschichte des Interregnums: C. Cross, The Church in England 1646–1660, in: Aylmer, Interregnum, 99 ff., der beste Überblick über den derzeitigen Forschungsstand mit ausführlichen Literaturhinweisen.

[33] Zur Geschichte der Toleranz W. K. Jordan, The Development of Religious Toleration in England from the Convention of the Long Parliament to the Restoration 1640–1660, 2 vols., 1938–1940. Wichtige zeitgenössische Texte bei W. Haller, Tracts on Liberty in the Puritan Revolution 1638–1647, 3 vols., 1934, 1965.

Die Wahrheit war nichts Vorgegebenes, statt dessen bestand die allgemeine Aufgabe, sie zu suchen, zu finden, zu vervollkommnen. “To be still searching what we know not by what we know, still closing up truth to truth ... is the golden rule in theology”, lautet das zentrale Argument der ›Areopagitica‹, John Miltons berühmtem Aufruf zur Presse- und Gedankenfreiheit.[34] Der Leveller Walwyn und der Independent Goodwin argumentierten ähnlich. Moderner, experimenteller Geist verband sich mit dem Glauben an die Stärke und Überzeugungskraft der Wahrheit, die nicht des Schutzes staatlicher Zwangsmaßnahmen bedarf, welche sie vielmehr zu hemmen und zu ersticken drohen.[35]

Demgegenüber wurden die orthodoxen Presbyterianer nicht müde, vor der Toleranz als dem größten aller Übel, dem Wegbereiter von Skeptizismus, Atheismus und Anarchie zu warnen.[36] In mancher Hinsicht bestätigte die Entwicklung dergleichen Befürchtungen. Allerorts entstanden Separatistengemeinden; allein in London zählte man 1649 deren mehr als drei Dutzend.[37] Die Zahl der Sekten wuchs; neben Baptisten und Quäkern entstanden die Vereinigungen der sog. ‘Seekers’ und ‘Ranters’, deren materialistischer Pantheismus den Dualismus von Mensch und Gott aufhob.[38] Bizarre Propheten verstörten in zunehmendem Maß die orthodoxen Gläubigen: eine Reihe von Frauen wollten den neuen Messias geboren haben, der Waliser Schneider ‘Arise’ Evans erklärte, als man ihn verhaftete: “I am the Lord thy God”, während der Tagelöhner Rowland Bateman gar behauptete, Abraham und Gottessohn in einer Person zu sein und den König als seinen Sohn Isaak bezeichnete.[39] Frauen predigten, nahmen teil an politischen Demonstrationen und Tumulten, stellten die überkommene Hierarchie der Geschlechter und die überlieferte Moralordnung in Frage.[40] Milton

[34] John Milton, Areopagitica, in: ders., Prose Works, ed. K. M. Burton, 1958.

[35] Hill, The World, 296.

[36] Woodhouse, 51; Hill, The World, 78 f. Die umfassendste zeitgenössische Attacke gegen das Sektenwesen führte Thomas Edwards, Gangraena, 1646.

[37] Zur Geschichte der Seperatistengemeinde in London jetzt M. Tolmie, The Triumph of the Saints. The Seperate Churches of London 1616–1649, 1977.

[38] Hill, The World, Kap. 9 u. 10.

[39] Hill, Change, 54; B. S. Capp, The Fifth Monarchy Men. A Study in Seventeenth-century English Millenarianism, 1972, 42.

[40] Über die Rolle der Frauen in der Englischen Revolution vgl. bes. K. Thomas, Women and the Civil War Sects, PP XIII (1958), jetzt auch in:

verkündete in seinen Traktaten über die Ehescheidung, daß für die Auserwählten Gottes die Ehe keine bindende Kraft besitzen könne. Antinomistische Gedanken fanden zunehmend Verbreitung, viele stellten das Dogma der Prädestination in Frage und predigten Perfektibilität für alle Menschen; wo Hölle und Teufel in Zweifel gezogen wurden, verlor die Sünde ihren Schrecken; wo die Sterblichkeit der menschlichen Seele behauptet wurde, mußte irdisches Streben an Bedeutung gewinnen.[41] Abstruse religiöse Exzesse und überraschende Modernität fanden sich nicht selten in engster Verbindung, waren fraglos bemerkenswertes Resultat der Revolution, trugen wesentlich zum revolutionären Charakter des Geschehens bei bzw. zu dem, was Hill als "the revolt within the revolution" bezeichnet, d. h. die in Ansätzen vorhandene und phasenweise bedrohlich präsente zweite, soziale Revolution.[42]

Dabei ist es jedoch schwierig, den politischen Stellenwert des religiösen Radikalismus exakt zu bestimmen, seine Folgen angemessen einzuschätzen. Zwar handelte es sich hierbei, quantitativ betrachtet, um die Minorität innerhalb einer Minorität,[43] doch deswegen kann der religiöse Radikalismus nicht als Randerscheinung im Bereich von Randgruppen abqualifiziert bzw. übergangen werden; zu Recht warnt Hill davor, dergleichen Phänomene dem 'erratic fringe' der Revolution zuzuordnen.[44] Auch wo der religiöse Radikalismus nicht von unmittelbarer politischer Bedeutung war, war er doch symptomatisch für eine Situation, die dergleichen nicht nur zuließ, sondern auch provozierte.

Darüber hinaus aber erschöpft sich die Rolle des Puritanismus in der Englischen Revolution keineswegs in den Manifestationen extremen Sektierertums, sie entsprach vielmehr dem allgemeinen Stellenwert der Religion im gesellschaftlichen Gefüge und geistigen Leben des frühneuzeitlichen England. Nahezu jede politische Auseinandersetzung war zugleich theologischer Disput – man braucht nur einen flüchtigen Blick in die Protokolle der zwischen Levellers und Offizieren geführten Diskussion zu werfen, um sich von der Allgegenwärtigkeit religiöser

T. Aston (ed.), Crisis in Europe 1560–1660, 1965; P. Higgins, The Reactions of Women, with special reference to women petitioners, in: Manning, Politics, Kap. 6 (mit ausführlicher Bibliographie); Hill, The World, Kap. 15.

41 Hill, The World, Kap. 8.

42 Ebd., 12.

43 Selbst der Gesamtkomplex des religiösen Nonkonformismus war lediglich "a tiny minority in society" (Tolmie, 4).

44 Hill, The World, 13 f.

Argumentationsmuster zu überzeugen. Bibelkenntnis, Bibelinterpretation wie auch unmittelbares, individuelles religiöses Erlebnis waren stets allgemein akzeptierte und respektierte Mittel der Beweisführung; so selbstverständlich wie heute die ökonomischen Aspekte einer Frage in den Vordergrund politischer Diskussion gerückt werden, so selbstverständlich waren für den Puritaner die theologischen Implikationen eines jeden Themas.[45] Wer in diesem Kontext die Rolle der Religion lediglich aus dem Blickwinkel der Ideologiekritik begreift und deutet, dem entzieht sich das vollständige Ausmaß der revolutionären Energie des Puritanismus jenes Jahrzehnts, die manchen über die seiner sozialen Position adäquaten Grenzen und Ziele hinaustrieb.[46]

Von besonderer Bedeutung war in diesem Zusammenhang der alle puritanischen Richtungen in zunehmendem Maß prägende Chiliasmus als das während des Revolutionsjahrzehnts hervorstechende Merkmal des englischen Calvinismus.[47] Wo die religiöse Heilserwartung in die eigene Zeit verlegt und diese als Epoche des Umbruchs begriffen wird,[48] da liefert die Religion den entscheidenden Impuls zur revolutionären Aktion. Nun bestand nicht nur die Freiheit, sondern auch die Pflicht für jeden Gläubigen, alles zu prüfen, das eine, wenn nötig, zu vernichten, das andere, wenn möglich, zu reformieren. "Reform the universities . . . reform the cities . . . the countries . . . the sabbath . . . the ordinances, the worship of God . . . 'Every plant which my heavenly Father hath not planted shall be rooted up' ", predigte Thomas Case 1641 den Commons.[49]

Die konkreten politischen Implikationen dieses puritanischen Radikalismus waren allerdings keineswegs eindeutig, wiesen vielmehr in verschiedene, z. T. sogar entgegengesetzte Richtungen, denn sowohl freiheitlich-egalitäre wie elitär-doktrinäre Positionen ließen sich mit der Prädestinationslehre vereinbaren bzw. aus ihr ableiten. Die dem Calvinismus ursprünglich angemessene soziale Grundhaltung war aristokratisch, denn er war die Religion einer auserwählten Minorität;

[45] Woodhouse, 39 der Einl.

[46] Als eindrucksvolles Korrektiv zu vielen heute gängigen Interpretationen sei hier besonders auf die ausführliche Einleitung bei Woodhouse verwiesen.

[47] Vgl. dazu Lamont, Godly Rule; Capp, The Fifth Monarchy; sowie ders., Godly Rule and English Millenarianism, PP LII (1971), 106 ff., ein kritischer Überblick über die einschlägige Literatur.

[48] S. z. B. Hansard Knollys, A Glimpse of Sion's Glory, 1641, sowie die Flugschrift Certain Queries Presented by many Christian People, 1649, in: Woodhouse, 233 ff., 241 ff.

[49] Woodhouse, 43 der Einl.

allein die Elite der Heiligen war berufen zur Herrschaft auf Erden. Unter den Auserwählten jedoch bestand Gleichheit, und wo neoarminianische bzw. rationalistische Tendenzen die Prädestinationslehre aufweichten, da lag es nahe, jedem Individuum das Recht zuzugestehen, sein eigener Priester, König und Prophet zu sein.[50] Oder aber die Gemeinschaft der Heiligen wurde gleichgesetzt mit allen Engländern, die als Gottes auserwähltes Volk einen nationalen Missionsauftrag zu erfüllen hatten – eine Überzeugung, die, erstmals um die Mitte des 16. Jahrhunderts propagiert, nun auf weite Resonanz stieß.[51] Und wo gar, wie bei den 'Fifth Monarchy Men', die zu irdischer Herrschaft berufenen Heiligen Männer von niederer Herkunft waren, die zur Errichtung des Milleniums auf Erden politisch brisante Reformen im Bereich der Verwaltung, des Rechtswesens und der Kirchenorganisation forderten, da verband sich elitärer puritanischer Chiliasmus mit einem sozialrevolutionären Progamm.[52]

So konnte der religiöse Radikalismus der Heiligen im Verlauf der Englischen Revolution sowohl zum Bundesgenossen als auch zum Widerpart des durchaus eigenständigen weltlichen Radikalismus der Levellers werden.[53] Solange die Levellers vor allem gegen religiöse Verfolgung kämpften, fanden sie im radikalen Puritanismus einen bereitwilligen Bundesgenossen und besonders in den Londoner Separatistengemeinden eine effektive organisatorische Basis, die sich politisch wirkungsvoll nutzen ließ. Als religiöse Toleranz de facto durchgesetzt war, stießen ihre weitergehenden politischen Forderungen bei all jenen auf Unverständnis oder gar Ablehnung, die nach Pride's Purge und der Hinrichtung des Königs das Ideal der Herrschaft der christlichen Obrigkeit bereits verwirklicht sahen [54] oder im Regiment der fünften Monarchie realisieren wollten [55]. Der Niedergang der Levellers war nicht zuletzt Folge dieser Diskrepanz von weltlichem und religiösem Radikalismus.

[50] So der Leveller Overton: "Every man by nature being a king, priest and prophet in his own natural circuit ..." (in Aylmer, Levellers, 69); Hill, The World, 134: "So the oligarchy of grace was democratized."

[51] Capp, Fifth Monarchy, 34 f., 53, 228; Woodhouse, 43 f., 53 der Einl.

[52] S. u. S. 110 f.

[53] Entsprechende Versuche von Woodhouse (Einleitung 82 ff.) und J. Davis, The Levellers and Christianity, in: Manning, Politics, 225 ff., das politische Programm der Levellers in direkte Beziehung zum religiösen Puritanismus zu setzen, haben nicht überzeugen können.

[54] Vgl. Tolmie, 181 ff.

[55] Capp, Fifth Monarchy, 230.

Während der weltliche Radikalismus z. T. über die Formulierung weiterreichender revolutionärer politischer Zielsetzungen nicht hinausgelangte, weil er die Unterstützung des Puritanismus verlor, fand für den Großteil des religiösen Radikalismus die Revolution ihre Erfüllung in der Hinrichtung des Königs. Damit waren tatsächlich wie auch symbolisch die Gemeinden der Heiligen frei, befreit von staatlicher Verfolgung, gesichert vor dem Druck staatskirchlichen Konformismus. Und nur die religiöse Energie des Puritanismus konnte das überlieferte Königtum seines sakralen Charakters entkleiden, dessen Vernichtung als göttliche Fügung, als Anfang des ersehnten Endes begreifen.

4. Der Prozeß gegen den Monarchen

Die Hinrichtung Karls I. am 30. Januar 1649 war zweifelsohne der spektakuläre Höhepunkt der Englischen Revolution; zugleich jedoch verdeutlichte dieses Ereignis die Grenzen und immanenten Widersprüche dieser Revolution.[56] Der Prozeß gegen den König war nicht die konsequente Erfüllung einer langfristigen, zielstrebigen revolutionären Politik, sondern eher eine politische Verlegenheitslösung, notwendig geworden durch die politische Unnachgiebigkeit des Monarchen. Vor allem innerhalb des Heeres hatte sich nach dem zweiten Bürgerkrieg immer mehr die Überzeugung durchgesetzt, daß trotz aller Siege ein für die Sieger sicherer Frieden mit dem König unerreichbar sei. Ireton, als Vertreter einer eher konservativen politischen Weltanschauung überlegener Gegenspieler der Levellers, wurde im Laufe des Jahres 1648 allmählich zum Exponenten dieser bedingungslosen antimonarchischen Strömung in der Armee.[57] Doch aufs Ganze gesehen waren es nur wenige, zumeist Soldaten und jüngere Offiziere der New Model Army wie Thomas Harrison, George Joyce oder Thomas Scott, die als bedingungslos konsequente Revolutionäre den Tod des Königs forderten und dies später als "the greatest work of righteousness that ever was amongst men" [58] feierten. Sowohl im Rumpf-Parlament wie auch während der Gerichtsverhandlung wurde deutlich, daß selbst ansonsten konsequente Gegner des Königs dessen Verurteilung als Regizid

[56] Die ausführlichste Darstellung des Prozesses bei C. V. Wedgwood, The Trial of Charles I, 1964 (dt.: Tod dem König, 1968). Differenzierte Beurteilungen des Ereignisses u. a. bei Underdown, Pride's Purge, 173 ff.; Ashton, Civil War, 343 ff.

[57] Ashton, Civil War, 344.

[58] Woodhouse, 175.

ablehnten.[59] So weigerte sich z. B. Oliver St. John, der politische Weggenosse Pyms und langjährige Gefährte Cromwells, in diesem Prozeß als Richter zu amtieren, und desgleichen lehnte der entschiedene Republikaner Henry Vane eine Teilnahme ab. Von den 135 Mitgliedern des vom Unterhaus bestellten Sondergerichts erschien mehr als ein Drittel zu keiner der Sitzungen; nicht ohne Grund hatte man das Quorum mit 20 Richtern extrem niedrig angesetzt. Wenn schließlich 59 Unterschriften unter dem Todesurteil standen, dann waren darunter viele, die nur auf entschiedene Pressionen hin geleistet worden waren – einem soll Cromwell sogar die Hand geführt haben. Überhaupt war es zuletzt vor allem Cromwell, der, nach langem Zögern und letzten Kompromißversuchen endlich zur Revolution bekehrt, nun mit der ihm eigenen Entschlossenheit die Verurteilung des Königs rücksichtslos betrieb und durchsetzte.[60]

So zutreffend es auch sein mag, angesichts der Umstände und Begleiterscheinungen des Prozesses erneut auf die Minoritätsposition der entschiedenen Regiziden hinzuweisen, so ändert dies doch nichts an dem grundsätzlich revolutionären Charakter und Stellenwert des Ereignisses. Nachdem die Entscheidung gefallen war, bewiesen die Akteure jene Revolutionären eigene prinzipientreue Konsequenz. Karl I. gehört nicht in die Reihe jener englischen Könige, die wie Richard II. und Heinrich VI. in einem dunklen Kerker heimlich ums Leben gebracht wurden. Die Sieger scheuten nicht das Licht der Öffentlichkeit – "It was not a thing done in a corner", bekannte noch elf Jahre später stolz Thomas Harrison, bevor man ihn seinerseits als Königsmörder hinrichtete. Dabei stellte man 1649 nicht nur 'Charles Stuart' vor Gericht, sondern der Monarchie wurde der Prozeß gemacht: "We will cut off his head with the crown upon it" – mit dieser Bemerkung wischte Cromwell die juristischen Einwände des späteren Republikaners Algernon Sidney vom Tisch.[61]

Dementsprechend konnte der Prozeß nicht als ordentliches Gerichtsverfahren abgewickelt werden, er verdeutlichte vielmehr den unversöhnlichen Gegensatz diametraler politischer Grundanschauungen und damit den revolutionären Charakter der Situation. Traditionelles

[59] Underdown, Pride's Purge, 187.

[60] Zur Rolle Cromwells vgl. C. Firth, Oliver Cromwell and the Rule of the Puritans in England, 1900, neu hrsg. von G. M. Young 1953, Kap. XI, Wedgwood, Trial, Kap. II, 2, die Cromwells Gründe als letztlich undurchdringlich und rätselhaft bezeichnet, sowie Underdown, Pride's Purge, der Cromwell als "belated convert to the revolution" charakterisiert (185).

[61] Underdown, Pride's Purge, 184.

Gottesgnadentum und das in die Zukunft weisende Prinzip der Volkssouveränität standen einander gegenüber. Auf der einen Seite der König, bis dato Quelle allen Rechts, das stets in seinem Namen gesprochen wurde, und der entsprechend seine Untertanen nicht als seine Richter anerkennen konnte – auf der anderen die Vertreter des Volkes, die unter Berufung auf die Souveränität des Volkes wie auf das Wohl des Volkes den pflichtvergessenen Diener des Volkes zum Tode verurteilten. Bereits die Zusammensetzung des Gerichts sollte diesen Anspruch signalisieren, indem man Vertreter aller Grafschaften als Repräsentanten des gesamten Landes zu Richtern bestellt hatte. Doch diese Richter, die sich hier auf ein neues Prinzip, das Recht und den Willen des Volkes, beriefen, sie waren weit davon entfernt, mit ihrem Urteil die Überzeugung der Engländer zu verkünden. Der politische Sieger des Prozesses war der verurteilte König, der, im politischen Leben gescheitert, im Tode als Märtyrer für die Sache der Monarchie überzeugte. Straffords Hinrichtung war von der gaffenden Menge gefeiert worden; als der Henker das blutige Haupt des Monarchen hochhielt, herrschte bestürztes, entsetztes Schweigen.[62] Der Schritt vom Widerstandsrecht zur politischen Revolution war die Tat einiger weniger Revolutionäre, die, beflügelt von dem Glauben, hiermit nur das durch die Ereignisse bereits gesprochene Gottesurteil zu vollziehen, die Grenzen ihres Zeitalters überschritten und die Zeitgenossen hinter sich ließen. Der Höhepunkt der Englischen Revolution war daher zugleich ihr Wendepunkt. Die kurze Geschichte der englischen Republik liefert den Beweis.

[62] Trevelyan, 277.

V. COMMONWEALTH UND PROTEKTORAT

Trotz der Hinrichtung des Königs, trotz der Säuberung des Parlaments scheiterten auch weiterhin alle Versuche, auf der Grundlage einer neuen Verfassung eine langfristige politische Konsolidierung herbeizuführen; statt dessen schrumpfte die Machtbasis der Regierungen zusehends, während umgekehrt die Zahl der Gegner der revolutionären Machthaber ständig wuchs. Schließlich standen nicht nur Royalisten, Anglikaner und Presbyterianer, sondern auch radikale Sektierer, Levellers, entschiedene Parlamentarier und überzeugte Republikaner in Opposition zu einem Regime, dessen Träger zudem in zwei rivalisierende Gruppen zerfielen.[1] Die eine bildete derjenige Teil der puritanischen Gentry, der nach wie vor durch seine dominierende Position in der Lokalverwaltung das Rückgrat aller staatlichen Administration war. Und wenn es auch in diesem Bereich teilweise zu gewissen Machtverschiebungen gekommen war, indem etwa neue Familien aus dem Bereich der 'lesser gentry' hier und da alte Adelsgeschlechter verdrängt hatten, so waren es doch immer noch 'gentlemen', die in den Grafschaften herrschten und in den Parlamenten die Mehrheiten stellten. Die Interessen dieser Gruppe kollidierten fast ständig mit denen der Armee, die nach wie vor den entscheidenden Machtfaktor darstellte, und obwohl auch im Heer und dessen Führung z. T. unterschiedliche politische Zielsetzungen verfolgt wurden, war man sich dennoch stets einig im Widerstand gegen alle Versuche der Gentry, die Machtstellung der siegreichen Armee zu reduzieren und das Militär wieder der politischen Kontrolle des Parlaments zu unterstellen.

Der Gegensatz dieser beiden divergierenden Interessen lieferte zugleich eine wichtige Voraussetzung für die einzigartige Machtposition Cromwells, da er allein die Unterstützung beider Lager für sich mobilisieren konnte. So mündeten die Auseinandersetzungen um die Beendigung der Revolution und Begründung politischer Stabilität in das sog. 'Protektorat' des siegreichen Feldherrn, das mit der Person Oliver Cromwells stand und fiel. Zugleich zeichnete dieses System der politischen Alleinherrschaft den Weg vor für die Wiederherstellung der Stuart-Monarchie. Allerdings darf die Periode der Republik und des

1 Russell, Crisis, 387 f.

Protektorats nicht als vollständige Abkehr von der Revolution und somit lediglich als Vorbereitung und Vorgeschichte einer Restauration gedeutet werden, die den status quo ante unverändert wiederherstellte. Zugleich fand in diesem Jahrzehnt die Rückkehr zu einer aktiven englischen Außenpolitik statt, die zunächst in unmittelbarer Fortsetzung der innerenglischen Auseinandersetzung erfolgte und schließlich von daher ihre revolutionäre Dimension erhielt.

Damit sind die Akzente für eine kurze Darstellung des letzten Jahrzehnts der Englischen Revolution gesetzt, wobei generell anzumerken ist, daß diese Epoche bislang noch nicht in der modernen englischen historischen Forschung auf ein im Verhältnis zu den vorangegangenen Jahrzehnten vergleichbares intensives Interesse gestoßen ist.[2]

1. Parlamente und Armee

Betrachtet man die Englische Revolution vornehmlich unter dem verfassungshistorischen Blickwinkel als Auseinandersetzung zwischen Parlament und Krone, dann hatte 1649 das Parlament bzw. das Unterhaus einen vollständigen Sieg errungen. Nach Verkündung der Republik und Abschaffung des Oberhauses befanden sich die Commons im Besitz der ungeteilten Souveränität. Weder zuvor noch später hat jemals eine politische Institution im frühneuzeitlichen England über dergleichen uneingeschränkte Machtfülle verfügt: Das Rumpfparlament besaß nun nicht nur die unbegrenzte, unkontrollierte legislative Gewalt, es übte die Exekutive z. T. indirekt durch einen von ihm ernannten Staatsrat, z. T. direkt durch eigene Resolutionen aus und griff darüber hinaus nicht selten massiv in den Gang der Rechtsprechung ein. Unter diesen Voraussetzungen lag es nahe, daß diese Versammlung die Bewahrung ihrer unbegrenzten Kompetenz zum obersten Ziel aller Politik erhob; jede durchgreifende politische Reform hätte eine Beschneidung dieser Macht, jede neue Verfassung die Auflösung dieses Parlaments impliziert.[3]

Dementsprechend erschien bislang das Rumpfparlament im Urteil der Geschichtswissenschaft vornehmlich als "an oligarchy with no posi-

[2] Im Bereich der allgemeinen Darstellungen ist hier neben Gardiner und Firth vor allem hervorzuheben I. Roots, The Great Rebellion, wo die Geschichte der 50er Jahre ausführlich behandelt ist. Hinzu kommen die Sammelbände von Aylmer, Interregnum, und R. H. Parry, The English Civil War and after 1642–1658, 1970.

[3] Roots, Rebellion, 143.

tive policy except that of self-interest", lediglich fixiert auf die Perpetuierung der eigenen Machtposition.[4] Doch inzwischen haben neuere Untersuchungen von Underdown und besonders von B. Worden, der vor kurzem eine umfangreiche Studie über die Struktur des Rumpf-Parlaments vorgelegt hat, zu Ergebnissen geführt, die entgegen herkömmlichen Pauschal-Verurteilungen auf die Frage nach der Reformwilligkeit des Parlaments differenziertere Antworten ermöglichen.[5]

Tatsächlich tagte das Rumpf-Parlament von 1649–1653 ununterbrochen, ohne in dieser Zeit jedoch den vor allem seitens der Armee wiederholt und seit 1651 besonders nachdrücklich formulierten Forderungen nach Reformen im Bereich der Kirchenverfassung sowie des Rechtswesens Rechnung zu tragen. So fand es sich nicht bereit, nach der Aufhebung der strikten religiösen Konformität (September 1650) nun auch die vielfach geforderte Abschaffung des Kirchenzehnten in Angriff zu nehmen, und desgleichen gelangte es auf dem Gebiet der Rechtsreform nicht über die Einsetzung einer entsprechenden Reformkommission hinaus, obwohl seit langem und verstärkt in den Jahren der Revolution im Urteil der allgemeinen öffentlichen Kritik Rechtswesen und Rechtspflege ein vorrangiges Gravamen darstellten. Doch beides, Justizreform wie eine Veränderung der Kirchenfinanzen, hätte einen Eingriff in bestehende Besitzverhältnisse bedeutet. Das Parlament war jedoch keine sozialrevolutionäre Potenz. Überhaupt waren die Parlamente des 17. Jahrhunderts bislang in keiner Beziehung durch besonderen Eifer auf dem Gebiet der Reform hervorgetreten, im Gegenteil: ihr Widerstand hatte nicht selten Veränderungen durch Reformen und speziell reformfreudigen Ministern gegolten.[6] Auch das Rumpfparlament bestätigte diese Tradition. Zwar waren hier nach Pride's Purge zunächst vor allem die entschiedenen und radikalen Abgeordneten versammelt, aber diese bildeten weder in politischer noch religiöser Hinsicht eine Einheit.[7] Darüber hinaus wurde im Laufe des Februar eine ganze Reihe vordem ausgeschlossener Mitglieder wieder

[4] Yule, Independents, 74; vgl. auch Aylmer, Interregnum, 15; Firth, Cromwell, 313.

[5] Underdown, Pride's Purge, Kap. VIII, IX; B. Worden, The Rump Parliament 1648–1653, 1974.

[6] Worden, 56: "Seventeenth-century parliaments were never the most eager reforming institutions. The great reformers of the earlier 17th. century ... were all broken by parliaments."

[7] Dazu detaillierte Informationen bei Underdown, Pride's Purge, Kap. VIII, sowie die entsprechenden statistischen Überblicke im Anhang.

zugelassen (nachdem sie öffentlich Selbstkritik an ihrer vormaligen Verhandlungsbereitschaft geübt hatten), so daß damit ca. 70 sog. 'conformists' zusätzlich einen mäßigenden Einfluß auf die Politik der Versammlung ausübten.[8] Schließlich müssen 'Königsmörder', Anhänger der radikalen Sekten und entschiedene Republikaner nicht notwendig zugleich Sozialrevolutionäre sein – vielmehr ließen sich politischer Radikalismus und Interesse an der Aufrechterhaltung der bestehenden Sozialordnung sehr wohl miteinander verbinden.[9]

Wenn so im Rumpf-Parlament letztlich nicht die Voraussetzungen für die Überführung der politischen in die soziale Revolution bestanden, so waren die 'Rumpers' deswegen keineswegs untätig, nutzten ihre nahezu ununterbrochene Sitzungstätigkeit – man gestattete sich höchstens hin und wieder eine Pause von 3–4 Tagen – vielmehr zu effektiver Verwaltungstätigkeit. Das Rumpfparlament war vor allem regierende Körperschaft und bewies hier – nicht zuletzt in den Jahren des Krieges gegen Holland – Kompetenz und Effizienz: "Its rule was indeed the most systematic government of the interregnum".[10]

Doch die nach ihren Siegen in Irland und Schottland 1651 wieder nach England zurückgekehrte Armee verlangte von diesem Parlament Reformen, besonders im Bereich der Religion und der Justiz, und als hier trotz einiger vielversprechender Ansätze – eine Kommission unter der Leitung des großen Juristen Matthew Hale hatte sogar eine Kodifizierung des Rechtssystems in Angriff genommen – letztlich außer taktischen Manövern keine Resonanz erfolgte, forderte man immer nachhaltiger das Ende des Langen Parlaments. Als dieses, aufgefordert, seine Nachfolge zu regeln, schließlich sich anschickte, ein Gesetz zu verabschieden, das nicht nur ein wiederum uneingeschränktes souveränes neugewähltes Parlament zu seinem Nachfolger bestimmte, sondern darüber hinaus sich selbst zumindest das Recht der Wahlprüfung in diesem Zusammenhang zumaß, löste Cromwell am 20. April 1653 die Versammlung mit Gewalt auf.[11] Die letzte noch bestehende Institution

[8] Ebd., 61, 65.

[9] Worden, 53 f.

[10] H. Trevor-Roper, Oliver Cromwell and his Parliaments, in: ders., The General Crisis, 357.

[11] Der ursprüngliche Text des projektierten Wahlgesetzes ist nicht überliefert. Bislang wurde allgemein angenommen, das Rumpf-Parlament habe darin lediglich Ergänzungswahlen festgesetzt, d. h. die Perpetuierung der eigenen Existenz beabsichtigt. Dies wird jetzt von Worden bestritten (bes. 331–339 sowie 345 ff.), der den letzten Anstoß für die Auflösung darin sieht, daß Cromwell beabsichtigt habe, die unumschränkte Souveränität des Parla-

der alten Verfassung war damit beseitigt; staatsrechtlich gesehen erreichte die Revolution jetzt ihren Höhepunkt. – Zugleich markierte die von den Londonern begeistert gefeierte Auflösung dieser unpopulären, z. T. sogar verhaßten Körperschaft die endgültig vollzogene Trennung von militärischen und zivilen Republikanern; die unverhüllte militärische Gewalt war nunmehr einzige Grundlage des Staates.

Dennoch konnte auch in Zukunft nicht auf Parlamente verzichtet werden; die lange Tradition und das ständig wachsende Gewicht dieser Institution hatten ihr einen bedeutsamen politischen Stellenwert verliehen und zu allgemeinem Ansehen verholfen – eine politische Alternative war undenkbar. Zwar sollten die Parlamente der Republik künftig in ihrer Existenz wie auch in ihrer Zusammensetzung in starkem Maße vom Heer abhängig sein, aber sie entfalteten dennoch stets früher oder später ein politisches Eigenleben, das zu neuen Konflikten führen sollte.

Nach der Auflösung des Rumpfparlaments war sich die Armeeführung darin einig, daß eine neue regierende Körperschaft zu etablieren sei, diese aber angesichts des vorherrschenden Ressentiments gegen das Heer nicht aus freien Wahlen hervorgehen dürfe. Die konkrete Ausgestaltung dieses Konzepts blieb allerdings umstritten. Auf der einen Seite forderte John Lambert, nach Iretons Tod eine Zeitlang einflußreicher politischer Ratgeber Cromwells, zunächst die Einsetzung eines Staatsrates von 10–12 Mitgliedern als oberstes staatliches Gremium, dem dann später ein gewähltes Parlament folgen sollte. Auf der anderen Seite schlug Thomas Harrison, der als Mitglied der radikalen Sekte der 'Fünften Monarchie' die Herrschaft der Heiligen auf Erden verwirklicht sehen wollte,[12] die Einberufung von 70 Auserwählten vor, welche die Nation auf den Weg des Heils führen sollten. Das Ergebnis war ein Kompromiß. Erst ernannte Cromwell einen neuen zehnköpfigen Staatsrat mit sieben Offizieren und Lambert an der Spitze. Doch dies war nur eine Interimslösung. Im Juni wurden dann 140 auserwählte "Persons fearing God and of approved fidelity and honesty" [13] aus England, Schottland, Irland und Wales aufgefordert, sich als "supreme authority" des Commonwealth zu versammeln. Vermied man anfangs noch mit Bedacht den Begriff 'parliament', so legte doch schon gleich nach seiner Konstituierung dieses Gremium sich den alt-

ments wieder zu ersetzen durch eine Rückkehr zu den Grundformen der überlieferten gemischten Verfassung (ebd. 359 ff.).

[12] Dazu Capp, Fifth Monarchy, passim.

[13] C. Hill, God's Englishman. Oliver Cromwell and the English Revolution, 1970, 138.

ehrwürdigen Titel zu.[14] Die Mitglieder waren allein durch die Armeeführung nominiert worden,[15] wobei allerdings besonders Harrison dafür gesorgt hatte, daß sich darunter eine Anzahl entschlossener radikaler Sektierer befand (z. B. 12 Mitglieder der 'Fünften Monarchie' sowie 6 Anabaptisten). Unter Bezugnahme auf einen der Londoner Vertreter, den Lederhändler und Baptisten God-Praise Barebone, sprachen die Gegner alsbald von 'Barebone's Parliament', um dies damit als Versammlung fanatischer Sektierer und politisch inkompetenter Aufsteiger zu charakterisieren, eine Einschätzung, die über weite Strecken auch das historische Urteil bestimmt hat. Zwar fehlt bislang eine umfassende detaillierte Analyse dieses Parlaments, aber es läßt sich heute dennoch mit Sicherheit sagen, daß selbst unter den Radikalen dieser Versammlung sich überwiegend Männer mit ausreichender, ja z. T. überdurchschnittlicher politischer und militärischer Erfahrung befanden.[16] Allerdings fehlten die großen parteiähnlichen Gruppierungen, und es fehlte an politischen Pragmatikern mit klaren Zielvorstellungen, so daß im Laufe der Zeit eine kleine Gruppe entschlossener Radikaler sich immer häufiger durchsetzen konnte.[17] Mit gewissem Recht hat daher Trevor-Roper 'Barebone's Parliament' als das klassische Beispiel für eine überwiegend unpolitische Versammlung bezeichnet, die von einer gut organisierten Minorität beherrscht wird.[18]

Wieder standen Rechtsreform und Kirchenreform im Vordergrund, und wieder versuchte man zugleich die Position der Armee zu schwächen, einige wandten sich sogar offen gegen Cromwell. Treibende Kraft dieser Politik waren die 'Fifth-Monarchy-Men', deren Bestrebungen als Reaktion auf bislang enttäuschte Erwartungen den letzten verzweifelten Versuch verkörperten, mit Blick auf das Tausendjährige Reich die Verhältnisse auf Erden zu ändern – durch das entschlossene dik-

[14] Eine eingehende Studie dieses 'Kleinen Parlaments' fehlt bis heute, sieht man von H. A. Glass, The Barabone Parliament, 1899, ab. A. Woolrych hat jedoch in seinem Aufsatz ›The Calling of Barebone's Parliament‹, EHR LXXX (1965), 492 ff., seinerseits eine entsprechende Darstellung angekündigt. Vgl. auch ders., Oliver Cromwell and the Rule of the Saints, in: Parry, 59 ff.

[15] Die Auffassung, die puritanischen Gemeinden seien durch Rundschreiben aufgefordert gewesen, ihrerseits Kandidaten zu benennen (so z. B. G. Davies, Early Stuarts, 175; Roots, 166), hat Woolrych überzeugend widerlegt (The Calling, passim).

[16] Capp, Fifth Monarchy, 68; Roots, Rebellion, 166 f.

[17] Vgl. Capp, ebd. gegen Hill, God's Englishman, der in diesem Zusammenhang von einer Zwei-Parteien-Konstellation spricht.

[18] Trevor-Roper, Crisis, 362.

tatorische Regime der Auserwählten.[19] So erfolgte auf der Basis des religiösen Radikalismus noch einmal der Versuch, die soziale Revolution einzuleiten. Als dann aber im Dezember 1653, nachdem zuvor bereits als erster Schritt der Rechtsreform der Court of Chancery abgeschafft worden war, die Aufhebung der Kirchenzehnten und des Patronatsrechts auf der Tagesordnung standen und damit Eingriffe in bestehende Besitzverhältnisse drohten, reagierte endlich die gemäßigte Mehrheit des Parlaments, wenn auch lediglich negativ, indem sie am 12. Dezember die Selbstauflösung der Versammlung beschloß, zu einem Zeitpunkt, als die Radikalen noch beim Gottesdienst versammelt waren. Damit legten sie in aller Form die Macht im Staat in Cromwells Hände zurück.

Cromwell hatte nicht nach der direkten persönlichen Herrschaft gestrebt. Jetzt, nach dem gescheiterten Experiment des Regiments der Auserwählten, sah sich der enttäuschte Oberbefehlshaber des Heeres gezwungen, auch die politische Macht selbst auszuüben.[20] Zu diesem Zweck hatte die konservative Gruppe im Rat der Offiziere unter Lamberts Führung bereits eine Verfassung entworfen, das sog. 'Instrument of Government', welche in vielen Punkten an die Konzeption der 'Heads of the Proposals' aus dem Jahre 1647, in manchem auch an das 'Agreement of the People' von 1649 (das sog. 'Officers' Agreement') anknüpfte.[21] Indem die staatliche Souveränität zumindest dem Buchstaben nach wieder gemeinsam von einer Person und einem Parlament verkörpert werden sollte,[22] nahm diese Verfassung das Grundprinzip der gemischten Monarchie der alten Konstitution wieder auf. An der Spitze des Staates stand zwar noch nicht wieder ein König, wohl aber ein mit exzeptioneller Machtfülle ausgestatteter Lord Protector – Cromwell –, der gemeinsam mit einem neuen Staatsrat nicht nur die Exekutive ausübte, sondern dessen Verordnungen, sofern sie nicht später vom Parlament aufgehoben wurden, Gesetzeskraft besaßen und dem darüber hinaus jährliche Einkünfte für den Unterhalt von Armee und Verwaltung unabhängig von parlamentarischer Zustim-

19 Woolrych, Oliver Cromwell, in: Parry, 62.

20 Über Cromwells Haltung gegenüber dem Barebone's Parlament vgl. auch bes. Hill, God's Englishman, 143.

21 I. Roots, Cromwell's Ordinances: The early Legislation of the Protectorate, in: Aylmer, Interregnum, 143. Der Text auszugsweise bei Kenyon, Documents, 342 ff.

22 Instrument § I: "That the supreme legislative authority of the Commonwealth of England ... shall be and reside in one person and the people assembled in Parliament." (Kenyon, Documents, 342.)

mung durch diese geschriebene und für unabänderlich erklärte Verfassung garantiert waren. An die Seite dieser Exekutive stellte das 'Instrument' ein gewähltes Parlament, das alle drei Jahre mindestens für fünf Monate zusammentreten sollte mit der Befugnis, im Rahmen der Verfassung Gesetze zu erlassen und das festgesetzte Budget überschreitende Steuern zu bewilligen. Dieses Parlament, das erstmals am 3. September 1654 zusammentrat – das 'Instrument' war bereits am 16. Dezember 1653 verkündet und Cromwell als Protektor vereidigt worden –, ging aus einem veränderten Wahlrecht hervor, das durch Sitzumverteilungen zugunsten der Grafschaften eindeutig die 'county gentry', d. h. die politisch weitgehend unabhängigen Landedelleute bevorzugte.[23]

Doch auch diese 'Versammlung von Hinterbänklern' [24] geriet gleich zu Beginn unter der Führung entschlossener Republikaner und dann – nach einer ersten Säuberung – unter Anleitung alter 'Presbyterianer' in entschiedenen Gegensatz zu Cromwell und der neuen Verfassung. Da der Protektor und die Militärs es versäumt bzw. darauf verzichtet hatten, eine eigene Partei im Parlament zu etablieren, griff die Versammlung sofort die Verfassung an, mit dem Ziel, die eigene Position gegenüber dem Protektor energisch aufzuwerten.[25] Die Situation glich der zwölf Jahre zuvor, als das Unterhaus mit dem König um den Besitz der Macht im Staate gerungen hatte; wie seinerzeit gegen einen drohenden monarchischen Absolutismus kämpften die Abgeordneten nun gegen die Gefahr eines permanenten Militärregimes. Am frühestmöglichen Termin, am 22. Januar 1655, löste Cromwell daher das Parlament auf; das Experiment des Ausgleichs von militärischer und ziviler Gewalt und damit der Versuch, Cromwells Herrschaft auf eine breitere Basis zu gründen, war gescheitert. Die Folge war zunächst die offene direkte Machtausübung des Militärs.

Im August wurden England und Wales in zehn Bezirke unterteilt, an deren Spitze jeweils ein höherer Offizier (Major General) stand, der nicht nur die regionalen Streitkräfte kommandierte, sondern auch die Zivilverwaltung in ihren Polizeifunktionen zu unterstützen hatte.[26] In ihrer vielfachen Eigenschaft als Soldaten, Verwalter, Polizisten und Zensoren besaßen sie nicht nur eine außerordentliche Machtfülle und Verantwortung – man hat sie zu Recht als bewaffnete Intendanten bezeichnet –, sie nutzten sie auch durchaus effizient entsprechend ihrem

[23] Trevor-Roper, Crisis, 371 ff.

[24] Ebd. 374.

[25] Roots, Civil War, 185 ff.

[26] I. Roots, Swordsmen and Decimators, in: Parry, 78 ff.

Auftrag, Tugend und Gottesfurcht zu fördern und das Laster zu verfolgen, indem sie Pferderennen verboten, Bordelle und Theater schlossen, die Zahl der Wirtshäuser reduzierten – Maßnahmen, die nicht gerade zu ihrer Popularität beitrugen.[27] Zudem diente eine neue Steuer, die sog. 'decimation-tax', die all jene zahlen sollten, die offensichtlich dem Royalismus zuneigten und die damit nahezu beliebig von allen Wohlhabenden eines Distrikts erhoben werden konnte, der Finanzierung dieses kostspieligen Verwaltungssystems, das alsbald bei allen, besonders der Gentry jeglicher politischer Couleur verhaßt war. Damit war nicht nur die Kluft zwischen zivilen Anhängern der Republik und dem Militär vertieft worden, sondern die große Mehrheit der politischen Nation befand sich nun in entschiedener Opposition zur Militärherrschaft.

In dieser Situation sah sich die Regierung nach langem Zögern nun gezwungen, vor allem aufgrund der verheerenden Finanzlage infolge des Krieges gegen Spanien,[28] Wahlen für ein neues Parlament auszuschreiben. Die Major Generals waren zuversichtlich, deren Ausgang in ihrem Sinne beeinflussen zu können. Doch dies gelang nur teilweise, so daß sogleich nach dem Zusammentritt des Parlaments der Staatsrat hundert mißliebige Abgeordnete ausschloß. Danach nun vollzog Cromwell eine überraschende Wendung. Er benutzte dieses Parlament jetzt dazu, sich aus der Abhängigkeit von seinen militärischen Anhängern und Bundesgenossen zu befreien, und duldete daher die Entmachtung der Major Generals durch das Parlament. Eine neue Allianz war geschlossen, die in der 'Humble Petition and Advice' gipfelte, einem neuen Verfassungsentwurf, der weitgehend die Rückkehr zu den alten Zuständen vorbereitete: nicht nur sollte wieder ein 'other house' an die Seite des Unterhauses treten, darüber hinaus erhielt Cromwell das Recht, seinen Nachfolger zu bestimmen, und schließlich bat man ihn, die Krone anzunehmen. Cromwell zögerte lange. Das Angebot war verlockend. Die modifizierte Wiedereinführung der Monarchie schien am ehesten Ausgleich der Gegensätze und damit Stabilität zu gewährleisten. Als er dann jedoch nach reiflicher Überlegung die Krone ausschlug, hatte dazu vor allem der wachsende geschlossene Widerstand der Armee gegen die Restauration der monarchischen Staatsform beigetragen.[29] Cromwell wagte es nicht und konnte es wohl auch nicht

[27] Kenyon, Documents, 349.

[28] S. u. S. 116 f.

[29] C. Firth, Cromwell and the Crown, EHR XVII (1902), 429 ff., XVIII (1903), 52 ff.; Roots, Rebellion, Kap. XXIII; Hill, God's Englishman, Kap. VII.

wagen, sich gegen das Heer zu stellen, das nicht nur die Voraussetzung seines politischen Aufstiegs gewesen war, sondern auch jetzt noch die einzige zuverlässige Stütze seiner Macht verkörperte.[30] So wurde am 25. Mai 1657 die 'Humble Petition' lediglich in veränderter Form angenommen.[31] Dieser Kompromiß schwächte jedoch die Position seiner Anhänger im Parlament – der 'Kingship-men' [32] – entscheidend, und da zudem ein großer Teil der zuverlässigen Cromwellianer in das neue Oberhaus berufen und die vordem ausgeschlossenen Mitglieder wieder zugelassen wurden, gewannen oppositionelle republikanische Kräfte im Unterhaus abermals die Oberhand, so daß Cromwell auch dieses Parlament am 4. Februar 1658 auflöste.

Es war sein letztes Parlament gewesen – am 3. September starb Cromwell. Die Folge war der rasche unaufhaltsame Zerfall der englischen Republik.[33] Der vom Vater als Nachfolger eingesetzte Sohn Richard verfügte weder im Parlament noch vor allem im Heer über ausreichende Unterstützung; die alten Gegensätze zwischen Militär und dem nun wieder einberufenen Rumpfparlament brachen erneut auf; in der Armee wuchsen die Rivalitäten zwischen den Generälen; Wirtschaft und Handel verfielen zusehends; der Staat drohte in allgemeine Anarchie zu versinken; die Anhänger der Republik waren bald ohne Anhang; letzte verzweifelte Versuche wie die John Miltons in seinem Verfassungsentwurf 'Ready and Easy Way to Establish a Free Commonwealth', doch noch einen Weg zur Rettung der Republik aufzuzeigen, blieben ohne Resonanz. In dieser Situation fiel General Monck – einem erfolgreichen Heerführer und vordem loyalen Gefolgsmann Cromwells – eine Schlüsselrolle zu, da er bald als einziger über eine schlagkräftige intakte Armee verfügte. Der weitgehend unpolitische Militär stellte nun sich und seine Truppen in den Dienst all derer, die eine Rückkehr zur alten Verfassung forderten. Unter seinem Schutz trat wieder das alte Lange Parlament zusammen, schrieb Neuwahlen aus und löste sich alsdann in aller Form auf. Damit war ein notdürftiger Anschein legaler Kontinuität gewahrt. Das neugewählte Parlament, nun wieder durch das alte Oberhaus ergänzt, trat am

30 Anderer Ansicht ist Trevor-Roper, der meint, Cromwell hätte durch einige wenige Revirements im Führungskorps den Widerstand brechen können (Crisis, 383).

31 Text auszugsweise bei Kenyon, Documents, 350 ff.

32 Trevor-Roper, Crisis, 384.

33 A. Woolrych, Last Quests for Settlement 1657–1660, in: Aylmer, Interregnum, 183 ff. (dort weitere Literatur).

25. April 1660 in Westminster zusammen. Von einer deutlichen presbyterianischen Majorität bestimmt, beschloß diese Versammlung die Restauration der Monarchie unter dem Stuart Karl II., der am 27. Mai 1660 in Dover landete.

Damit war letztendlich das Parlament aus den langjährigen Auseinandersetzungen als Sieger hervorgegangen. Hinfort waren stehende Heere in England verpönt,[34] eine politische Militärgewalt sollte es in Zukunft nicht mehr geben. Aber auch gegenüber der Krone war die Position des Parlaments gefestigt – schließlich war die Monarchie auf seine Initiative hin restauriert worden.

2. *Die Außenpolitik der Republik*

Siegreiche Revolutionen setzen sich oft in aggressiver Außenpolitik fort, wobei ideologische Missionsaufträge nach dem Motto: „Friede den Hütten – Krieg den Palästen" nicht selten die territoriale Expansion einleiten. Auch im Verlauf der Englischen Revolution waren solche Töne vernehmbar – etwa als 1649 puritanische Prediger und Soldaten den großen antimonarchischen Kreuzzug forderten[35] –, doch die zunehmende, weitgehend kriegerische außenpolitische Aktivität der englischen Republik entsprang zunächst der Defensive, sie war die Folge der Fortsetzung des Bürgerkriegs auf verändertem Schauplatz.[36]

Als 1648 mit dem Westfälischen Frieden der Dreißigjährige Krieg zu Ende ging und damit entsprechendes militärisches Potential frei wurde, als zudem 1649 die Hinrichtung Karls I. in ganz Europa Entsetzen auslöste, da schien – obwohl Frankreich und Spanien weiterhin im Krieg lagen – die Gefahr einer gegenrevolutionären, gegenreforma-

[34] Vgl. L. G. Schwoerer, 'No standing armies!' The anti-army Ideology in Seventeenth-century England, 1974. Über den Aufstieg der Flotte in den Jahren der englischen Republik vgl. die demnächst erscheinende Freiburger Diss. von H.-Ch. Junge, Flottenpolitik und Revolution. Studien zur Entstehung englischer Seemacht und der Herrschaft Cromwells.

[35] Capp, Fifth Monarchy, 53.

[36] Gerade diesen Zusammenhang betont vor allem Sir Robert Seeley in seinem großen Essay: The Growth of British Policy, 2. Aufl. 1897, T. III (vol. II, 1 ff.). Die neueste Studie zur Außenpolitik der Ära Cromwell: Ch. P. Korr, Cromwell and the New Model Foreign Policy. Englands Policy toward France 1649–1658, 1975. Einen Überblick liefert B. Martin, Außenhandel und Außenpolitik Englands unter Cromwell, HZ CCXVIII (1974), 571 ff.

torischen Intervention zu wachsen.[37] Zudem boten sich Irland und Schottland als Basen einer möglichen royalistischen Invasion an. So stand am Anfang einer neuen Außenpolitik eine aktive kriegerische großbritannische Politik, die zu der Niederwerfung Irlands (1649–52) und der Unterwerfung Schottlands (1650–51) führte. In Irland nahmen die Engländer dabei zugleich blutige Rache für den Aufstand des Jahres 1641, alte religiöse und nationale Gegensätze sorgten für zusätzliche Erbitterung und Unversöhnlichkeit. Zu Tausenden schlachteten während dieses Belagerungsfeldzuges die siegreichen Soldaten Cromwells nicht nur die bewaffneten Gegner, sondern auch Zivilisten, vornehmlich Priester, geradezu systematisch ab; Irland wurde wieder auf den Status einer rechtlosen Kolonie reduziert.

Während hier der Krieg sich noch hinzog, rückte Cromwell nach den ersten entscheidenden Erfolgen in Irland bereits 1650 gegen die Schotten vor, die 1649 den Sohn Karls I. als ihren König anerkannt hatten und ihrerseits die militärische Invasion vorbereiteten, um endlich in England Toleranz und gefährliches Sektierertum auszurotten und die presbyterianische Kirche nach schottischem Muster endgültig einzurichten. In zwei großen Schlachten, am 3. September 1650 und am 3. September 1651 zu Dunbar und Worcester, schlug Cromwell die Schotten und zwang sie damit in die Union mit England. So war erstmals – im Gefolge der Revolution – 'Großbritannien' politisch realisiert; die Parlamente Cromwells vertraten jeweils auch Schottland und Irland.

Auf der Basis des englischen Militärstaates war so ein Großbritannien entstanden, das nun als neue Großmacht aktiv in die europäischen Verhältnisse und Verwicklungen eingriff:

1652–54 führte England Krieg gegen Holland;

1654 schloß es einen Handelsvertrag mit Portugal, der ihm den Zugang zum portugiesischen Kolonialreich eröffnete;

1655 erfolgte ein großangelegter Angriff auf die spanischen Besitzungen in Westindien, der sog. 'Grand Design', der, obwohl militärisch ein völliger Fehlschlag, dennoch England den Besitz von Jamaika erbrachte;

1656 folgte eine förmliche Allianz mit Frankreich;

1658 siegten die Verbündeten über das spanische Heer, in dessen Reihen auch die Royalisten kämpften, der Siegespreis für England war der Besitz von Dünkirchen.

Daneben entwickelte Cromwell eine rege diplomatische Tätigkeit im Ostseeraum, während zugleich seine Flotten oft im Mittelmeer kreuzten.

[37] Firth, Cromwell, 233.

Die mit diesen Daten und Fakten skizzierte Außenpolitik des Commonwealth blieb jedoch ein Torso – sie endete mit Cromwells Tod – und erscheint darüber hinaus in sich widerspruchsvoll, denn sie vereinigt eine ganze Reihe z. T. gegenläufiger Tendenzen, wie: defensive Sicherheitspolitik und ausgreifende maritime Kolonialpolitik; protestantische Allianzpolitik und von merkantilen Interessen bestimmte Nationalpolitik. Schließlich erhebt sich die heute oft gestellte Frage nach der innenpolitischen Funktion dieser Außenpolitik, die mitunter vor allem als Reaktion auf innenpolitische Schwierigkeiten gedeutet wird.[38]

Zunächst überrascht der Krieg gegen Holland, den langjährigen protestantischen Bundesgenossen im Kampf gegen das katholische Spanien. Allerdings hatte auch hier die Fortsetzung des Bürgerkrieges gegen die Royalisten den Anstoß geliefert. Zwar war Holland Republik, aber der Statthalter und seine Partei standen auf seiten der Stuarts, die Ehe zwischen Maria, der Tochter Karls I., und Wilhelm II. von Oranien (1641) war offenkundiger Ausdruck dieser Allianz. Doch die Geschichte der englisch-holländischen Beziehungen hatte bislang nicht nur im Zeichen politischer Zusammenarbeit, sondern ebenso im Zeichen merkantiler Konkurrenz gestanden, und als sich im Rumpfparlament die Außenhandelsinteressen der Londoner City durchsetzten, eskalierte diese Rivalität zur bewaffneten Auseinandersetzung.[39] Die Navigationsakte des Jahres 1651 [40] hatte die gesetzliche Grundlage für die Ausschaltung des holländischen Zwischenhandels in bezug auf England gelegt; die Durchsetzung dieser Politik war der eigentliche Grund dieses ersten englisch-holländischen Seekrieges.

Gegenüber dieser zukunftsweisenden, an den merkantilen Interessen der Nation ausgerichteten Politik [41] erscheint diejenige Cromwells, der nach Auflösung des Rumpfparlaments nun auch die Zielsetzungen der englischen Außenpolitik bestimmte, als anachronistischer Rückfall in das elisabethanische Zeitalter, als ideologisch fixierte romantische Prinzipienpolitik. Der rasche Friedensschluß mit Holland, die Annähe-

[38] Martin, 581, 591.

[39] Über die Rolle des Außenhandels für die englische Außenpolitik vgl. E. Schulin, Handelsstaat England. Das politische Interesse der Nation am Außenhandel vom 16. bis ins frühe 18. Jh., 1969. Über die Bedeutung Hollands für die englische Modernisierung s. H.-C. Schröder, Die neuere englische Geschichte im Licht einiger Modernisierungstheoreme, in: R. Koselleck (Hrsg.), Studien zum Beginn der modernen Welt, Stuttgart 1977.

[40] J. E. Farnell, The Navigation Act of 1651, the First Dutch War, and the London Merchant Community, Ec.HR XVI (1963/64), 439 ff.

[41] Trevor-Roper, Crisis, 358 f.

rung an Schweden, all dies deutete auf eine Kehrtwendung im Sinne jener umfassenden protestantischen Politik, welche die Gentry des 'Country' bereits in den 20er Jahren gefordert hatte. Tatsächlich formulierte Cromwell wiederholt als Ziel seiner Außenpolitik die große protestantische Allianz unter englischer Führung als unerschütterliches Bollwerk gegen den Katholizismus.[42] Doch dergleichen Tendenzen verbanden sich mit nüchternem, handfesten Kalkül. Die Geschichte der englischen Allianz mit Frankreich macht dies deutlich.[43] Spanien wie Frankreich hatten sich um englische Unterstützung bemüht, und wenn sich Cromwell schließlich mit Mazarin verbündete, dann war dies Anknüpfen an elisabethanische Tradition wie auch protestantische Politik, denn die Verträge enthielten Klauseln zugunsten der Hugenotten. Aber zugleich verfolgte Cromwell mit dieser Entscheidung das Ziel, die nahegelegene französische Küste als mögliche Invasionsbasis der Royalisten auszuschalten. Die Sicherheit der englischen Republik, und das heißt auch der englischen Regierung, stand im Zentrum aller außenpolitischen Zielsetzungen und Maßnahmen. Dies bedeutet nicht, daß die außenpolitischen kriegerischen Aktivitäten lediglich systemstabilisierenden Funktion besaßen. Wenn auch dabei die Chancen für eine Rechtfertigung der Aufrechterhaltung der Armee und des Ausbaues der Marine gesehen und genutzt wurden, so war es doch vor allem die Furcht vor einer eventuellen politischen Isolierung, vor der möglichen Invasion der Gegenrevolution als Folge eines französisch-spanischen Friedens, die Cromwells Außenpolitik bestimmte.[44]

So war die Außenpolitik der Englischen Revolution kaum Ausdruck eines politisch-missionarischen Sendungsbewußtseins, sie setzte vielmehr zunächst die Kämpfe der englischen Szene fort und war dann Ausdruck der Bemühungen Cromwells um die Konsolidierung des Commonwealth. Die realistische Durchführung dieser Politik, ihre Erfolge ließen sie dann sogar zum Ausgangspunkt eines volkstümlichen Nationalismus werden;[45] denn schließlich war der Staat Cromwells als erste Militärmacht Europas wenn auch nicht immer geachtet, so doch von allen respektiert und gefürchtet – nicht zuletzt aufgrund einer Außenpolitik, deren weltweite Dimensionen bereits auf die imperiale Politik der späteren Weltmacht England verwiesen[46].

[42] Seeley, II, 49.

[43] Korr, passim.

[44] Vgl. M. Roberts, Cromwell and the Baltic, in: Essays in Swedish History, 1967, 138 ff.

[45] Hill, God's Englishman, 264.

[46] Ebd., 165 ff., 168.

3. *Oliver Cromwell*

Spätestens seit der Hinrichtung des Königs war Cromwell die Zentralfigur der Englischen Revolution; seine Bedeutung als selbständige politische Größe – schon bald konnte er nicht mehr als Exponent einer bestimmten Gruppe oder Richtung gewertet werden – stieg geradezu in dem Maße, wie alle Bemühungen um eine Stabilisierung der Republik scheiterten, bis man schließlich ihn, den 'Königsmörder', drängte, die Krone anzunehmen.[47] Dabei war er keineswegs populär, wohl beim Heer angesehen, aber ansonsten verhaßt und gefürchtet – bei seinem Tode tanzten die Londoner auf den Straßen.

So unbestreitbar Cromwells historische Bedeutung ist, so umstritten ist die Einschätzung seiner Person und seiner Politik, wobei die Historiker in ihren Urteilen bis in unsere Zeit den Streit der Zeitgenossen weiterführen. Wie der Dichter Marvell Cromwell als den halbgöttlichen nationalen Heros Englands feierte, während der Leveller Lilburne ihn zuletzt als frömmelnden Heuchler beschimpfte, so feierten die Viktorianer ihn als Begründer ihres Empire und setzten ihm ausgerechnet vor dem Parlament ein Denkmal, während Historiker des 20. Jahrhunderts ihn mitunter als größenwahnsinnigen Diktator, als Vorläufer Hitlers anprangerten.

Dergleichen Diskrepanzen sind in der Beurteilung herausragender historischer Individuen durchaus nichts Ungewöhnliches, aber im Falle Cromwells werden sie durch den enigmatischen Charakter seiner Person und Politik besonders gefördert. Schon den Zeitgenossen erschien er als furchterregendes Rätsel. Historische Vergleiche hinken stets, aber dennoch ist es nicht abwegig, Cromwell in Beziehung zu Cäsar, Napoleon oder Stalin zu setzen, d. h. nach seiner Rolle als Vollender bzw. Bändiger der Revolution zu fragen. Hierbei werden erste Unterschiede deutlich: einerseits agierte Cromwell in einem kleineren, bescheideneren Rahmen – entsprechend dem Stellenwert, den die Englische Revolution im welthistorischen Kontext besitzt –, andererseits steht Cromwell nicht nur am Ende jener Revolution, d. h., will man abermals den Vergleich wagen, er war Robespierre und Napoleon, Lenin und Stalin in einer Person.[48] Sein Aufstieg erfolgte im Bürgerkrieg aufgrund der unbestrittenen militärischen Qualitäten des ostenglischen Landedelmanns, der in den 20er Jahren die Feldzüge und Siege

[47] Als wichtigste Biographien seien hier lediglich genannt: Firth, Oliver Cromwell, und Hill, God's Englishman (dort ein knapper historiographiegeschichtlicher Überblick, 265 ff.),

[48] Hill, God's Englishman, 263.

seines Idols, Gustav Adolf, am heimischen Kamin studiert hatte.[49] Doch schon bald drängte die Schlüsselposition des militärischen Siegers Cromwell in die politische Verantwortung. Er hatte dabei nie die direkte politische Führung angestrebt, sein Verhalten nach der Auflösung des Rumpfparlaments, als er seine Macht so rasch wie möglich an die nominierte Versammlung, das 'Barebone's Parliament', übertrug, macht dies deutlich. Dennoch war vor allem er es, der in zunehmendem Maße den Gang der politischen Ereignisse bestimmte: die Self-Denying Ordinance, die Debatten zu Putney, die Verurteilung des Königs markieren allesamt zentrale Ereignisse, die wesentlich durch Cromwells Entscheidung geprägt waren.

Dabei sind nun Grundlagen und Zielsetzung seiner Politik nach wie vor strittig, die Frage drängt sich auf, ob hier überhaupt von konsequenter Politik die Rede sein kann. Sicherlich war Cromwell nicht der zielstrebige Revolutionär, im Gegenteil, er erscheint eher als Revolutionär wider Willen, der, von Fall zu Fall durch den Druck der Ereignisse gezwungen, schließlich die politische Revolution auf ihren Gipfelpunkt führte.[50] Ihm einen 'Verrat der Revolution' anzulasten, geht daher von völlig falschen Prämissen aus. Nicht Prinzipientreue zeichnete seine Politik aus, als vielmehr Inkonsequenz und Opportunismus. "Cromwell was deliberately consistent in nothing. No political career is so full of undefended inconsistences as his" [51], und so erscheint er schließlich als der "man of opportunity" [52]. Doch seine Sprunghaftigkeit war meist pragmatisches Reagieren im Kontext der jeweiligen Situation, sein häufiges Zögern Ausdruck der religiösen Bindung seines Handelns. Subjektiv blieb Cromwell der Überzeugung, in schwierigen Lagen nach langem inneren Ringen stets der göttlichen Erleuchtung teilhaftig geworden zu sein. Die Reden und Briefe bezeugen im Überfluß die ausgeprägte religiöse Komponente einer Person,[53] die ihre Wandlungen und ihre wechselvolle Handlungsweise als die Konsequenz göttlicher Unerforschlichkeit begreift und rechtfertigt. Doch auch darüber hinaus ist Cromwells Politik weder grundsatzlos noch ziellos gewesen.

Unbestreitbar bleibt seine sozial-konservative Grundhaltung, die immer wieder auf Cromwells Ursprünge, seine Herkunft aus der traditionsverhafteten Gentry des ländlichen England verweist. Wohl ent-

[49] Firth, Cromwell, 29 f.

[50] Underdown, Pride's Purge, 338.

[51] Trevor-Roper, Crisis, 346; ähnlich auch Firth, Cromwell, 470.

[52] Roots, Rebellion, 216.

[53] Vgl. Abbott.

schlossen, in einer Situation ohne Alternative den König zu töten und die Monarchie zu stürzen, wohl hin und wieder bereit, Leistung gegebenenfalls über Rang und Stand zu setzen, bleibt er doch stets Anhänger und Verteidiger der überlieferten Statusordnung: "A nobleman, gentleman, a yoeman: that is a good interest of the nation and a great one", dieser oft zitierte Satz aus einer Rede an sein erstes Parlament[54] kennzeichnet beispielhaft seine instinktiv konservative politische Grundhaltung. Dennoch kann Cromwells Politik nicht lediglich als Ausdruck eines wohlmeinenden schlichten Traditionalismus, als das auf die nationale Ebene projizierte Regime eines hinterwäldlerischen Hinterbänklers zureichend interpretiert werden.[55] Weder erschöpfte sie sich in bloßem Reagieren, noch entbehrte sie jeglicher reformerischen Tendenz. So hat z. B. Firth mit Nachdruck auf den ersten Abschnitt von Cromwells Alleinherrschaft hingewiesen, jene Monate zwischen Auflösung des Rumpf- und Zusammentritt des Barebone's Parlament, sie geradezu als eine Phase zielstrebiger Reformpolitik bezeichnet, in der nicht weniger als 82 Erlasse zur Kirchenpolitik, zur Rechtsreform und zur 'reformation of manners' ergingen.[56] Vor allem seine stets konsequent verfolgte Politik der religiösen Toleranz zeigt den Puritaner Cromwell fern allem religiösen Fanatismus als Wegbereiter künftiger Entwicklungen. Diese maßvoll vermittelnde Religionspolitik ist zugleich Ausdruck einer alle Wendungen und scheinbaren Widersprüche auflösenden allgemeinen Grundtendenz: einer Politik des Ausgleichs und der Versöhnung.[57] "Settlement" – ständig rekurrierende Vokabel in Cromwells Reden liefert den Schlüsselbegriff für die generelle Zielsetzung eines im einzelnen scheinbar ziellosen Pragmatismus. Gewisse Errungenschaften der Revolution wie Toleranz, ein bestimmtes Maß von Verfassungs- und Rechtsreform sollten mit dem unversehrten Bestand der überlieferten Sozialordnung verbunden werden. So sollte die Revolution beendet werden und Cromwells Herrschaft statt auf die militärische Macht auf die Zustimmung der politischen Nation, den für die englischen Verfassungsverhältnisse typischen Konsens, gegründet werden[58]: Zumindest tendenziell weist so der Torso seiner Politik Cromwell in die Reihe der Vollender und Bändiger großer Revolutionen.

[54] So z. B. bei Hill, God's Englishman, 205.
[55] Trevor-Roper, Crisis, 388.
[56] Firth, Cromwell, 339 ff.
[57] Ebd. 326.
[58] Underdown, Settlement in the Counties, in: Aylmer, Interregnum.

SCHLUSSBEMERKUNG

Cromwells Politik des Ausgleichs war vor allem gescheitert an dem Widerspruch zwischen dem revolutionären Ursprung seiner Macht und dem konservativen Grundtenor seiner Politik; gescheitert, weil neue politische Ordnungsvorstellungen und Organisationsformen zwar hier und da entwickelt, generell jedoch nicht akzeptiert wurden. Die Zeit und die Zeitgenossen waren, von Ausnahmen wie Harrington, Milton oder den Levellers abgesehen, weder bereit noch in der Lage, vom Umsturz zur Neuordnung vorzudringen. Dies gilt in bezug auf die Konkretisierung allgemeiner Zielvorstellungen auch für Cromwell, der meistens eher wußte, was er nicht wollte, als was er wollte.[1]

Cromwell ist damit die Inkarnation der Englischen Revolution – einer Revolution, die nicht Revolution sein wollte, die unbeabsichtigt erfolgte, die zunächst ohne Revolutionäre stattfand. Wer die Französische Revolution zum Maßstab aller Revolutionen erhebt, vor allem, wer das Moment der revolutionären Zielsetzung, den subjektiven Willen zur Veränderung, zum Aufbruch in eine neue Zeit, als konstitutives Element von Revolution begreift,[2] der wird die Ereignisse der Jahre 1640 bis 1660 kaum als Revolution werten können[3]. Denn 'innovation' war und blieb für fast alle Beteiligten Vokabel der politischen Invektive; zwar forderte man 'reformation', aber mit dem Ziel der Wiederherstellung des Überlieferten, Bewährten, als Rückkehr zur vermeintlich guten alten Zeit.

Doch aus den Ursprüngen eines an der Tradition orientierten Widerstandsrechts resultierte Neuerung, tiefgreifende Veränderung, zumindest im Bereich des Politischen, wo am Ende der Bemühungen um Kontrolle der Krone die zeitweilige Abschaffung der Monarchie, die Errichtung der Republik stand.

Und wenn auch nur eine Minderheit der Engländer an dieser Entwicklung aktiv beteiligt war, so sprengte doch das Ausmaß dieser Beteiligung den herkömmlichen Rahmen politischer Prozesse. Die Politisierung zumindest großer Teile der Londoner Bevölkerung fand statt,

[1] Roots, Rebellion, 217.

[2] Vgl. G. P. Meyer, Revolutionstheorie heute, GG Sonderband 1976.

[3] Gegen diese Verengung des Revolutionsbegriffs wendet sich vor allem Hill, Change, 279.

nicht weniger als ca. 22 000 Flugschriften, gedruckte Predigten, Petitionen sind für diese Zeit überliefert. Zu bestimmten Zeitpunkten spielte das 'Volk' bereits eine gewisse Rolle.

Und wenn auch mit der Errichtung des Commonwealth die Entwicklung bereits umschlug und der Trend zur Restauration einsetzte, weil der konservativen Revolution der Impuls zur Errichtung einer überzeugenden Alternative zur Monarchie fehlte, so entstanden doch in diesem Zusammenhang Forderungen, ganze Programme, die im Vergleich zur Ausgangssituation eine radikale Revolution implizieren. Die Levellers mit ihren Verfassungsentwürfen, die Diggers mit ihrem sozialen Experiment, Harrington mit seiner Utopie,[4] Milton mit seinen Schriften,[5] eine Vielzahl von Publizisten sowie all jene, die dem Bereich der 'revolt within the revolution' zuzurechnen sind, sie alle konzipieren und fordern bereits vieles von dem, was später im Zentrum revolutionärer Programme stehen sollte: Volkssouveränität und Republikanismus, politischer und religiöser Individualismus, Menschenrechte, Repräsentationsprinzip und Verfassungsstaat [6] – ein Katalog von Postulaten und zeitweiligen Errungenschaften, der die 'Great Rebellion' an den Anfang der Kette der großen Revolutionen der modernen Welt treten läßt [7].

Auch hier ist selbstverständlich besonders auf der Ebene der theoretischen Begründung noch viel traditionelle Bindung anzutreffen; 'native rights' etwa werden nicht nur als angeborene, sondern auch historische Rechte begriffen; religiöser Radikalismus erwächst aus der Bibelexegese; Verfassungsmodelle berufen sich auf die 'ancient constitution'. Doch keine Revolution ist ohne Bezug zur Tradition, jede Revolution ist auch Moment einer übergreifenden historischen Kontinuität. Dennoch kann auch angesichts dieser Kontinuität nicht lediglich von einem historischen Betriebsunfall, von einer ziellosen Rebellion oder lediglich einem Bürgerkrieg gesprochen werden, ohne daß der historische Blickwinkel unzulässig eingeengt wäre. Gewiß hat die Revolution die sozialen Grundlagen des englischen Staates kaum tangiert, geschweige denn verändert,[8] doch für langfristige ökonomische und soziale Folgen der politischen Veränderung läßt sich manches Argument anführen [9].

[4] Vgl. dazu jetzt J. G. A. Pocock (ed.), The Political Works of James Harrington, 1977.

[5] Dazu jetzt bes. C. Hill, Milton and the English Revolution, 1977.

[6] Hierzu bes. die Untersuchungen von Gralher und Wittwer.

[7] Zagorin, Court, 6 f.

[8] Dazu vgl. bes. Laslett.

[9] Dies ist vor allem Hills These, so z. B. Century, 310, Change, 280.

Und politische Veränderung fand statt. Trotz der Restauration der Monarchie ist der englische Staat 1660 ein anderer als 1640. Die Position des Parlaments ist gestärkt, und die Erfahrung der Revolution sollte spätere Auseinandersetzungen zwischen Krone und Parlament nachhaltig formen. Am Anfang einer Entwicklung, die in die Etablierung des parlamentarischen Systems mündet und die, langfristig betrachtet, eine Politik der Reformen an die Stelle revolutionärer Veränderungen treten ließ, stand die Englische Revolution des 17. Jahrhunderts.

ZEITTAFEL

1625–1649		Karl I. König von England
1628		Petition of Right
1638		'Convenant' der Schotten als Widerstand gegen die Kirchenpolitik der englischen Regierung
1639		Scheitern des ersten Feldzuges gegen die aufständischen Schotten (First Bishop's War)
1640		
	(13. 4.–5. 5.)	Kurzes Parlament
		Scheitern des 2. Feldzuges gegen Schottland
	3. 11.	Zusammentritt des Langen Parlaments
	11. 11.	Anklage wegen Hochverrats gegen Laud und Strafford beschlossen
1641		
	16. 2.	Triennal Act
	15. 5.	Hinrichtung Straffords
	Juli –	Abschaffung der 'Star Chamber' und des 'Court of High Commission'
	Herbst –	Nachricht des Irischen Aufstands erreicht London
	1. 12.	Parlament verabschiedet die 'Grand Remonstrance'
1642		
	4. 1.	Karl I. versucht vergeblich, 5 oppositionelle Abgeordnete im Unterhaus zu verhaften
	10. 1.	Der König verläßt London
	1. 6.	In den '19 Propositions' formuliert das Parlament den Katalog seiner politischen Forderungen
	18. 6.	Antwort des Königs auf die '19 Propositions'
	Juli	Parlament setzt ein 'committee of public safety' ein und beginnt mit der Aufstellung einer Armee
	22. 8.	Karl I. errichtet die königliche Standarte in Nottingham; Beginn des ersten Bürgerkrieges
	23. 10.	Unentschiedenes Gefecht bei Edgehill
1643		
	12. 6.	Erlaß über die Einsetzung der Synode zu Westminster

	25. 9.	Das englische Parlament unterzeichnet den 'Solemn League and Covenent' und gewinnt damit die militärische Unterstützung der Schotten
1644		
	15. 2.	Einrichtung des 'Committee of the Two Kingdoms' (England und Schottland)
	2. 7.	Sieg des Parlamentsheeres und der Schotten bei Marston Moor
	Nov.	Miltons ›Areopagitica‹
1645		Reorganisation des Parlamentsheeres (New Model Army)
	3. 4.	Self-Denying Ordinance
	14. 6.	Sieg der New Model Army bei Naseby
1646		
	5. 5.	Karl I. ergibt sich den Schotten
	Jul.–Sept.	Vergebliche Friedensverhandlungen (Newcastle Proposals)
1647		
	30. 1.	Schotten liefern Karl I. an das Parlament aus
		Beginnende Politisierung der Armee (Agitators)
	4. 6.	Die Armee bringt den König in ihre Gewalt
	1. 7.	Die Armee legt dem König die 'Heads of the Proposals' als eigenen Friedensplan vor
		Gegenrevolution in London
	Aug.	Armee besetzt London
	28. 10.	›First Agreement of the People‹ der Levellers; Beginn der Debatten zu Putney
	Nov.	Karl I. flieht auf die Insel Wight
		Aufstand der Radikalen in der Armee wird niedergeschlagen
	Dez.	Karl I. verbündet sich mit den Schotten
1648		Zweiter Bürgerkrieg
	Aug.	Sieg Cromwells bei Preston. Es folgen abermals ergebnislose Verhandlungen zwischen Parlament und König
	6.–7. 12.	'Pride's Purge' dezimiert das Lange Parlament zum Rumpfparlament
	13. 12.	Beschluß, dem König den Prozeß zu machen
1649		
	20.–27. 1.	Prozeß gegen den König
	30. 1.	Hinrichtung Karls I.

	17. 3.	Abschaffung der Monarchie
	Herbst	Cromwell unterwirft Irland
1650		
	24. 6.	Karl II. landet in Schottland
	3. 9.	Cromwells Sieg über die Schotten bei Dunbar
	27. 9.	Aufhebung des Kirchzwangs
1651		
	3. 9.	Endgültiger Sieg Cromwells über die Schotten bei Worcester
	9. 10.	Navigations-Akte
1652		
	(–1654)	Krieg gegen Holland
1653		
	20. 4.	Auflösung des Rumpf-Parlaments
	4. 7.–12. 12.	Nominierte Versammlung (Barebones' Parliament)
	16. 12.	Errichtung des Protektorats (Instrument of Government)
1654		
	3. 9.	Einberufung des 1. Parlaments des Protektorats
1655		
	22. 1.	Auflösung des Parlaments
		Angriff auf Spanisch-Westindien, Beginn des Krieges gegen Spanien
		Einsetzung der 'Major Generals' im Bereich der Regionalverwaltung
1656		
	17. 9.	Zusammentritt des 2. Parlaments des Protektorats
1657		
	März–Mai	'Humble Petition and Advice' des Parlaments schlägt Änderung der Verfassung in Rückwendung zu monarchischen Institutionen vor
	8. 5.	Cromwell lehnt die Krone ab
1658		
	4. 2.	Auflösung des Parlaments durch Cromwell
	4. 6.	Sieg der Engländer über die Spanier bei Dünkirchen
	3. 9.	Tod Cromwells
1659		Wiederherstellung des Rumpfparlaments. Abdankung Richard Cromwells. General Monck marschiert mit seiner Armee von Schottland nach London
1660		Restauration der Monarchie

LITERATURVERZEICHNIS

Die hier zusammengestellte Literaturliste erhebt nicht den Anspruch, eine vollständige Bibliographie zur Geschichte der Englischen Revolution zu liefern. Sie erfaßt lediglich sämtliche von mir benutzten Darstellungen, Aufsätze und Quellensammlungen, die hier in alphabetischer Reihenfolge aufgeführt sind, damit ein im Anmerkungsteil angeführter Kurztitel rasch vervollständigt werden kann. Zur Ergänzung sei daher, besonders in bezug auf die ältere Literatur, auf die ›Bibliography of British History, 1603–1714‹, 2. Aufl. ed. M. F. Keeler, 1970 verwiesen.

Abott, W. C. (ed.), The Writings and Speeches of Oliver Cromwell, 4 vols., Cambridge (Mass.) 1937–1947.

Ashley, M., England in the seventeenth Century: 1952 (Pelican).

Ashton, R., The Crown and the Money Market, 1603–1640, Oxford 1960.

–, The English Civil War. Conservatism and Revolution 1603–1649, London 1978.

–, Revolutionaries and Rumpers, HJ XVIII (1975).

Aston, T. (ed.), Crisis in Europe 1560–1660, London 1965.

Aylmer, G. E. (ed.), The Interregnum: The Quest for Settlement 1646–1660, London 1972.

–, The King's Servants. The Civil Service of Charles I., 1625–42, London 1961.

– (ed.), The Levellers in the English Revolution, London 1975.

–, The State's Servants: The Civil Service of the English Republic, 1649–1660, London 1973.

–, The Struggle for the Constitution 1603–1689: England in the 17th Century, London 1963.

Babbage, S. B., Puritanism and Richard Bancroft, London 1962.

Barnes, T. G., Somerset 1625–1640: a County's Government during the personal Rule, London 1961.

Baxter, R., The Autobiography of Richard Baxter (ed. N. H. Keeble), London 1931, 1974 (Everyman).

Brailsford, H. N., The Levellers and the English Revolution (ed. C. Hill), London u. Stanford 1961.

Brinton, C., The Anatomy of Revolution, 2. Aufl., New York 1965.

Brunton, D., u. D. H. Pennington, Members of the Long Parliament, London 1954.

Burne, H., u. P. Young, The Great Civil War: a military history of the first civil war, 1642–1646, London 1959.

Capp, B., The Fifth Monarchy Men. A Study in Seventeenth-century Millenarianism, London 1972.

–, Godly Rule and English Millenarianism, PP LII (1971).

Carlyle, Th., Historical Sketches of notable Persons and Events in the Reigns of James I. and Charles I., London 1848.

–, Oliver Cromwell's Letters and Speeches, with elucidations, 2 vols., New York 1945.

Cheyney, E. P., History of England from the Defeat of the Armada to the Death of Elisabeth, 2 vols., London 1914–26.

Christianson, P., The Causes of the English Revolution. A Reappraisal JBSt XV (1975).

–, The Peers, the People, and Parliamentary Management in the first month of the Long Parliament, JMH IL (1977).

Clarendon [Edward Hyde], The History of the Rebellion and Civil Wars in England (ed. W. D. Macray), 6 vols. 1880, repr. London 1958.

Clarkson, L. A., The Pre-Industrial Economy in England, 1500–1750, London 1971.

Cliffe, J. T., The Yorkshire Gentry: From the Reformation to the Civil War, London 1969.

Coleman, D. C., The 'Gentry' Controversy and the Aristocracy in Crisis, 1558–1641, Hist LI (1966).

–, Industry in Tudor and Stuart England, London 1975.

Cooper, J. P., The Counting of Manors, Ec.HR VIII (1956).

–, Differences between English and Continental governments in the 17th Century, in: J. S. Bromley, E. H. Hossman (eds.), Britain and the Netherlands, I, London 1960.

–, The Fall of the Stuart Monarchy, in: The New Cambridge Modern History (ed. J. P. Cooper), Bd. IV, Cambridge 1970.

Cope, E. S., u. W. H. Coates (eds.), Proceedings of the Short Parliament of 1640, London 1977.

Cotton, A. N. B., Cromwell and the Self-Denying Ordinance, Hist LXII (1977).

Cross, C., The Church in England 1640–1660, in: Aylmer, Interregnum, 99 ff.

Dalton, M., The County Justice, London 1622.

Davies, G., The Early Stuarts, 1603–1660, 2. Aufl. Oxford 1959.

–, The Restoration of Charles II. 1658–60, London 1955.

Davies, H., Worship and Theology in England, vol. II. From Andrewes to Baxter, Princeton 1975.

Davis, J. C., The Levellers and Christianity, in: Manning, Politics.

–, The Levellers and Democracy, PP XL (1968).

Dietz, F. C., English Public Finance 1558–1642, New York 1932.

Elton, G. R., England under the Tudors, London 1955.

–, A High road to Civil War, in: ders., Studies.

–, Modern Historians on British History 1485–1945. A critical Bibliography, 1945–1969, London 1970.

–, The Stuart Century, in: ders., Studies.
–, Studies in Tudor and Stuart Politics and Government, 2 vols., Cambridge 1974.
–, The Tudor Constitution. Documents and Commentary, Cambridge 1960.
Engberg, J., Royalist Finances during the English Civil War, Scandinavian Economic History Review XIV (1966).
Everitt, A., The Community of Kent and the Great Rebellion 1640–1660, Leicester 1966.
Farnell, J. E., The Navigation Act of 1651, the First Dutch War and the London Merchant Community, Ec.HR XVI (1963/64).
–, The Social and Intellectual Basis of London's Role in the English Civil War, JMH IL (1977).
Finch, M. E., The Wealth of five Northamptonshire Families 1540–1640, Lamport 1957.
Firth, C. H., Cromwell's Army, 2. Aufl. London 1962.
–, Cromwell and the Crown, EHR XVII (1902).
–, The Development of the Study of the Seventeenth-Century-History, TRHS 3. ser. VII (1913).
–, The last Years of the Protectorate, 2 vols., London 1909.
–, Oliver Cromwell and the Rule of the Puritans in England (ed. G. M. Young), London 1953 (World's Classics).
Forster, St., Debate. Presbyterians, Independents and Puritans, PP XLVII (1970).
–, The Presbyterian Independents exorcized. A Ghost Story for Historians, PP XLIV (1969).
Frank, J., The Levellers: A History of the Writings of three Seventeenth Century Social Democrats: John Lilburne, Richard Overton, William Walwyn, Cambridge (Mass.) 1955, repr. New York 1969.
Frere, W. H., u. C. E. Douglas, Puritan Manifestoes, London 1907.
Gardiner, S. R., The first two Stuarts and the Puritan Revolution, London 1876.
–, History of the Commonwealth and Protectorate 1649–56, 3vols., London 1894–1901.
–, History of England from the Accession of James I to the Outbreak of the Civil War 1603–1642, 10 vols., 2. Aufl. London 1883–84 (repr. New York 1965).
–, History of the Great Civil War 1642–49, 3 vols., London 1886–91.
George, C. H., The Protestant Mind of the Englisch Reformation 1570–1640, Princeton, N. J. 1961.
–, Puritanism as History and Historiography, PP XLII (1968).
Glass, H. A., The Barebone Parliament, London 1899.
Glow, L., The Committee-Men in the Long Parliament, August 1642–December 1643, HJ VIII (1965).
–, Political Affiliations in the House of Commons after Pym's Death, Bull. Inst. Hist. Research XXXVIII (1965).

Glow, L., Pym and Parliament. The Methods of Moderation, JMH XXXVI (1964).

Gooch, G. P., English Democratic Ideas in the Seventeenth Century (2. Aufl. ed. H. Laski), Cambridge 1927.

Gralher, M., Demokratie und Repräsentation in der Englischen Revolution. Studien zur demokratischen Repräsentation in der Pamphletistik der Leveller im England des siebzehnten Jahrhunderts, Mannheim 1973.

Green, R. W., Protestantism and Capitalism: The Weber Thesis and its Critics, Boston 1959.

Green, Th. H., Four Lectures on the English Revolution, London 1867.

Greenfelder, J. K., The Election to the Short Parliament, in: H. S. Reimuth (ed.), Early Stuart Studies, Minneapolis 1970.

Griewank, K., Der neuzeitliche Revolutionsbegriff. Entstehung und Entwicklung, 2. Aufl. Frankfurt a. M. 1969.

Guizot, F., Histoire de la république d'Angleterre et de Cromwell, 2 vols., Paris 1854, erw. Neuaufl. Paris 1862.

Hallam, H., The constitutional History of England from the Accession of Henry VII to the Death of George II., 2 vols., London 1827.

Haller, W., The Rise of Puritanism, New York 1938 (1957).

–, Tracts on Liberty in the Puritan Revolution 1638–1647, 3 vols., New York 1934 (1965).

–, u. G. Davies (eds.), The Leveller Tracts 1647–1653, New York 1944, repr. London u. New York 1967.

Harrington, J., The Political Works (ed. J. G. A. Pocock), Cambridge 1974.

Harris, G. L., Medieval Doctrines in the Debates on Supply 1610–1629, in: Sharpe, Faction.

Hartung, F., u. R. Mousnier, Quelques Problèmes concernant la Monarchie Absolue. Relazioni del X Congresso Internazionale di Scienze Storiche, IV, Storia Moderna, 1955.

Hexter, J. H., The Problem of the Presbyterian Independents, AHR XLIV (1938).

–, The Reign of King Pym, Cambridge (Mass.) 1941.

–, Power Struggle, Parliament, and Liberty in Early Stuart England, JMH L (1978).

–, Reappraisals in History, London 1961.

–, Storm over the Gentry, in: ders., Reappraisals.

Higgins, P., The Reaction of Women, with special reference to women petitioners, in: Manning, Politics.

Hill, C., The agrarian Legislation of the Revolution, EHR LV (1940).

–, Antichrist in Seventeenth-Century England, London 1971.

–, The Century of Revolution, 1603–1714, Edinburgh 1961.

–, Change and Continuity in Seventeenth-Century England, London 1975.

–, Economic Problems of the Church from Archbishop Whitgift to the Long Parliament, Oxford 1956.

–, The English Revolution 1640, London 1940.

–, God's Englishman: Oliver Cromwell and the English Revolution, London 1970.
–, The Intellectual Origins of the English Revolution, London 1965.
–, Milton and the English Revolution, London 1977.
–, Pottage for Freeborn Englishmen: Attitudes to Wage-Labour, in: ders., Change.
–, Puritanism and Revolution, London 1965.
–, Recent Interpretations of the Civil War, Hist XLI (1956).
–, Social Interpretations of the English Interregnum, Ec.HR VIII (1938).
–, Society and Puritanism in Pre-Revolutionary England, London 1964.
–, The World turned Upside Down. Radical Ideas during the English Revolution, London 1972.
Hinton, R. W. K., The Decline of Parliamentary Government under Elisabeth I and the Early Stuarts, CHJ XIII (1957).
Hirst, D., Court, Country and Politics before 1629, in: Sharpe, Faction.
–, The Representative of the People? Voters and Voting in England under the Early Stuarts, Cambridge 1975.
Hobbes, Th., Behemoth or an Epitome of the Civil Wars 1679 (ed. F. Tönnies), London 1969.
Holderness, B. A., Pre-Industrial England. Economy and Society from 1500 to 1750, London 1976.
Hume, D., The History of Great Britain, 2 vols., London 1754–57.
Hurstfield, J., County Government 1530–1660, in: Victoria County History, Wiltshire V (1957).
–, Was there a Tudor despotism after all? TRHS V 17 (1967).
Ives, E. W. (ed.), The English Revolution 1600–1660, London 1968.
Jordan, W. K., The Development of Religious Toleration in England from the Convention of the Long Parliament to the Restauration 1640–1660, 2 vols., London 1938–40.
Kaplan, L., Presbyterians and Independents in 1643, EHR LXXXIV (1969).
Keeler, M. F. (ed.), Bibliography of British History. Stuart Period 1603–1714, 2. Aufl. Oxford 1970.
–, The Long Parliament 1640–41. A biographical study of its Members, Philadelphia 1954.
Kenyon, J. P., The Stuart Constitution. Documents and Commentary, Cambridge 1966.
Kerridge, E., The Agricultural Revolution, New York 1968.
Kishlansky, M., The Case of the Army truly stated: The creation of the new model army, PP LXXXI (1978).
–, The Emergence of Adversary Politics in the Long Parliament, JMH IL (1977).
–, The Rise of the New Model Army, Cambridge 1979.
Kitch, M. J., Capitalism and the Reformation, London 1967.
Knappen, M. M., Tudor Protestantism, Chicago 1939.
Koenigsberger, H. G., Dominium Regale and Dominium Politicum et Regale: Monarchies and Parliaments in Early Modern Europe, in: K. Bosl (ed.),

Der moderne Parlamentarismus und seine Grundlagen in der ständischen Repräsentation, Berlin 1977.
Korr, Ch. P., Cromwell and the New Model Foreign Policy. England's Policy Toward France 1649–1658, Berkeley 1975.
Kuczynski, J., Darstellung der Lage der Arbeiter in England von 1640 bis 1760 (= Geschichte der Lage der Arbeiter unter dem Kapitalismus, Bd. 22), Berlin 1964.
Lamont, W. M., Godly Rule: Politics and Religion 1603–60, London 1969.
–, Puritanism as history and historiography: some further thoughts, PP XLIV (1969).
Laslett, P., The World we have lost, London 1965.
Lindsay, A. D., The Modern Democratic State, Oxford 1943.
Liu, T., Discord in Zion: The Puritan Divines and the Puritan Revolution, The Hague 1973.
Lloyd, H. A., The Gentry of South-West Wales 1540–1640, Cardiff 1968.
Macaulay, T. B., Hallam (Edinburgh Review, Sept. 1828), in: ders., Critical and Historical Essays contributed to the Edinburgh Review, 3 vols., London 1843.
–, The History of England from the Accession of James II, 4 vols., London 1953 (Everyman).
MacCormack, J. R., Revolutionary Politics in the Long Parliament, Oxford 1973.
McGee, J., The Godly Man in Stuart England. Anglicans, Puritans and the Two Tables 1620–1670, New Haven 1976.
McIlwain, C. H., The High Court of Parliament, 1910, repr. 1934, Hamden/Conn. 1962.
Macpherson, C. P., The political Theory of possessive Individualism. Hobbes to Locke, Oxford 1962, dt. Ausgabe: ders., Die politische Theorie des Besitzindividualismus. Von Hobbes bis Locke, Frankfurt a. M. 1967.
Malcolm, J. L., A King in Search of Soldiers: Charles I in 1642, HJ XXI (1978).
Manning, B., The English People and the English Revolution 1640–1649, London 1976.
–, The Nobles, the People and the Constitution, PP X (1956).
–, Politics, Religion and the English Civil War, London 1973.
Martin, B., Außenhandel und Außenpolitik Englands unter Cromwell, HZ CCXVIII (1974).
Meyer, G. P., Revolutionstheorie heute, GG (Sonderband 1976).
Milton, J., Prose Works, ed. K. U. Burton, London 1958 (Everyman).
Mingay, G. E., The Gentry. The Rise and Fall of a ruling Class, London 1976.
Moir, T. L., The addled Parliament of 1614, Oxford 1958.
Morrill, J. S., The Revolt of the Provinces: Conservatives and Radicals in the English Civil War. 1630–1650, London 1976.
Mosse, G. L., The Struggle for Sovereignty in England. From the Reign of Queen Elizabeth to the Petition of Right, East Lansing 1950.

Myers, A. R., The Parliaments of Europe and the Age of the Estates, Hist. LX (1975).

–, Parliaments and Estates in Europe to 1789, London 1976.

Namier, L., England in the Age of the American Revolution, 2. Aufl. London 1961.

–, The Structure of Politics at the Accession of George VII., 2. Aufl. London 1957.

Nef, J. U., The Progress of Technology and the Growth of large scale Industry in Great Britain 1540–1640, in: E. M. Carus-Wilson (ed.), Essays in Economic History I, London 1954.

–, The Rise of the British Coal Industry, London 1934.

New, J. F. H., Anglican and Puritan, the Basis of their Opposition, Stanford/ Calif. 1964.

Notestein, W., The House of Commons 1604–1610, New Haven, London 1971.

–, The Winning of the Initiative by the House of Commons, Proceedings of the British Academy XI (1924–25), repr. London 1926, 1949.

Parry, R. H., (ed.), The English Civil War and after 1642–1658, London 1970.

Pearl, V., London's Counter Revolution, in: Aylmer, The Interregnum.

–, London and the Outbreak of the Puritan Revolution: City Government and National Politics, 1625–43, London 1961.

–, Oliver St. John and the "middle group" in the Long Parliament: August 1643–May 1644, EHR LXXXI (1966).

–, The 'Royal Independents' in the English Civil War, TRHS, 5. Serie, XVIII (1968).

Pennington, D. H., The Committee for the Accounts of the Kingdom, in: F. J. Fisher (ed.), Essays presented to R. H. Tawney, Cambridge 1961.

Plumb, J. H., The Growth of the Electorate in England from 1600 to 1715, PP XLV (1969).

Pocock, J. G. A., The Ancient Constitution and the Feudal, Cambridge 1957.

Pollard, A. F., The Evolution of Parliament, 2. Aufl., London 1926.

Richardson, R. C., The Debate on the English Revolution, London 1977.

Ritter, G. A., Divine Right und Praerogative der englischen Könige 1603–1640, HZ CXCVI (1963).

–, Parlament und Demokratie in Großbritannien, Göttingen 1972.

Roberts, M., Cromwell and the Baltic, in: Essays in Swedish History, London 1967.

Roberts, C., The Growth of Responsible Government in Stuart England, Cambridge 1966.

Roots, I., The Early Legislation of the Protectorate, in: Aylmer, Interregnum.

–, The Great Rebellion, London 1966.

–, Swordsmen and Decimators, in: Parry.

Ruigh, R. E., The Parliament of 1624, Cambridge 1971.

Russell, C., Arguments for Religious Unity in England 1530–1650, Journal of Eccl. Hist. XVIII (1967).

Russell, C., The Crisis of Parliaments. English History 1509–1660, London 1971.
–, The Foreign Policy Debate in the House of Commons in 1621, HJ XX, 2 (1977).
–, (ed.), The Origins of the English Civil War, London 1973.
–, Parliaments and English Politics 1621–1629, Oxford 1979.
–, Parliamentary History in Perspective, 1604–1629, Hist LXI (1976).
Schieder, Th., Theorie der Revolution, in: ders. (Hrsg.), Revolution und Gesellschaft, Freiburg i. Br. 1973.
Schröder, H.-C., Die neuere englische Geschichte im Lichte einiger Modernisierungstheoreme, in: R. Koselleck, Studien zum Beginn der modernen Welt, Stuttgart 1977.
Schulin, E., Handelsstaat England. Das politische Interesse der Nation am Außenhandel vom 16. bis ins frühe 18. Jahrhundert, Wiesbaden 1969.
Schwoerer, L. G., "No standing armes!" The antiarmy ideology in seventeenth-century England, Baltimore 1974.
Seaver, P. S., The Puritan Lectureships: The Politics of Religious Dissent, 1560–1662, Stanford, Calif. 1970.
–, Seventeenth Century England. Society in an Age of Revolution, New York 1976.
Seeley, J. R., The Growth of British Policy, 2 vols., 2. Aufl. 1897, repr. 1962.
Sharpe, J. (ed.), Faction and Parliament. Essays on Early Stuart History, Oxford 1978.
Simpson, A., The Wealth of the Gentry, 1540–1640, East Anglia Studies 1961.
Smith [Sir Thomas Smith], De republica Anglorum (ed. L. Alston), Cambridge 1906.
Snow, V., The concept of Revolution in Seventeenth-Century England, HJ V (1962).
Spufford, P., Origins of the English Parliament, London 1967.
Stone, L., The Anatomy of the Elisabethan Aristocracy, Ec. HR XVIII (1948).
–, The Causes of the English Revolution 1529–1642, London 1972.
–, The Crisis of the Aristocracy 1558–1641, Oxford 1965.
–, Social Change and Revolution in England, 1540–1640, London 1965.
–, Social Mobility in England 1500–1700, PP XXXIII (1966).
Stuke, H., Bedeutung und Problematik des Klassenbegriffs. Begriffs- und sozialgeschichtliche Überlegungen im Umkreis einer historischen Klassentheorie, in: U. Engelhardt, V. Sellin, H. Stuke (Hrsg.): Soziale Bewegung und politische Verfassung, Stuttgart 1976.
Supple, B. E., Commercial Crisis and Change in England, 1600–42. A study in the instability of a mercantile economy, Cambridge 1959.
Sutherland, L. (ed.), Studies in History. British Academic Lectures, London 1966.
Tanner, J. R., English Constitutional Conflicts of the Seventeenth Century, Cambridge 1928.
–, Constitutional Documents of the Reign of James I, 1603–25, Cambridge 1930.

Tawney, R. H., The Agrarian Problem in the Sixteenth Century, London 1912 (New York 1967).
–, Harrington's Interpretation of his Age, Proceedings of the British Academy, XXVII, London 1941.
–, Religion and the Rise of Capitalism, London 1926.
–, The Rise of the Gentry, Ec.HR XI (1941).
Thirsk, J. (ed.), The agrarian history of England and Wales: vol. IV, 1500–1640, Cambridge 1967.
Thomas, K., The Levellers and the Franchise, in: Aylmer, Interregnum, 57 ff.
–, Religion and the Decline of Magic, London 1971.
–, Women and the Civil War Sects, PP XIII (1958) (und in: Aston, Crisis).
Tillyard, E. M. W., The Elisabethan World Picture, London 1943.
Trevelyan, G. M., England under the Stuarts, London 1904, 25. Aufl. 1949.
Trevor-Roper, H., Archbishop Laud 1573–1645, 2. Aufl. London 1962.
–, The Elisabethan Aristocracy: an Anatomy Anatomized, Ec.HR 2. ser. III (1951).
–, The Fast Sermons of the Long Parliament, in: ders., Religion.
–, The General Crisis of the Seventeenth Century, PP XVI, XVII (1959/60) (und in: Aston, Crisis; Trevor-Roper, Religion).
–, The Gentry 1540–1640, Ec.HR Suppl. I (1953).
–, Oliver Cromwell and his Parliaments, in: ders., Religion.
–, Religion, the Reformation and Social Change, London 1967.
–, The Social Origins of the Great Rebellion, History Today V (1955).
Tolmie, M., The Triumph of the Saints. The Separate Churches of London 1616–1644, Cambridge 1977.
Underdown, D., The Independents Reconsidered, JBSt III (1964).
–, Party management in the recruiter elections, 1645–1648, EHR LXXXIII, London 1968.
–, Pride's Purge: Politics in the Puritan Revolution, Oxford 1971.
–, Settlement in the Counties 1653–1658, in: Aylmer, Interregnum.
Usher, R. G., The Deprivation of Puritan Ministers, EHR XXIV (1909).
Walzer, M. L., Puritanism as a revolutionary ideology, History and Theory III (1963).
–, The Revolution of the Saints, London 1966.
Webb, S. u. B., English Local Government from the Revolution to the Municipal Corporations Act, 1689–1885, 9 vols., London 1906–1929 (1963).
Weber, M., Gesammelte Aufsätze zur Religionssoziologie, I, Tübingen 1920.
–, Die protestantische Ethik (hrsg. von J. Winckelmann), Tübingen 1965.
–, Die protestantische Ethik II. Kritiken und Antikritiken (hrsg. von J. Winkelmann), Tübingen 1965.
Webster, C., The Great Instauration. Science, Medicine and Reform, 1626–1660, London 1975.
–, (ed), The Intellectual Revolution of the 17th Century, London, Boston 1977.
Wedgwood, C. V., The Causes of the English Civil War, History Today V (1955).

Wedgwood, C. V., The King's Peace 1637–1641, London 1955.
–, The King's War, 1641–47, London 1958.
–, Thomas Wentworth First Earl of Strafford 1593–1641. A Revaluation, London 1961.
–, The Trial of Charles I., London 1964 (dt.: Tod dem König, München 1968).
Wende, P. 'Liberty' und 'Property' in der politischen Theorie der Levellers. Ein Beitrag zur Entstehungsgeschichte des politischen Individualismus im England des 17. Jahrhunderts, ZHF I (1974).
–, Vernunft und Tradition in der englischen Staatslehre der frühen Neuzeit, HZ CCXVI (1978).
–, Revolution ohne Vorgeschichte?, HZ CCXXX (1980).
Weston, C., English Constitutional Theory and the House of Lords, 1556–1832, New York 1965.
–, Legal Sovereignty in the Brady Controversy, HJ XV (1972).
–, The Theory of Mixed Monarchy under Charles I and After, EHR LXXV (1960).
Willcox, W. B., Gloucestershire: a Study in Local Government 1590–1640, New Haven 1940.
Wilson, Ch., England's Apprenticeship 1603–1763, London 1965.
Wilson, J. F., Pulpit in Parliament: Puritanism during the English Civil Wars, 1640–1648, Princeton 1969.
Wilson, Th., The State of England 1600 (ed. F. J. Fisher), London 1936.
Winstanley, G., Law of Freedom and other Writings (ed. C. Hill), 1973.
Wittwer, W., Grundrechte bei den Levellern und der New Model Army. Ein Beitrag zur Vorgeschichte des Menschenrechtsgedankens, Ratingen 1972.
Wolfe, D. M., Leveller Manifestoes of the Puritan Revolution, New York 1944, repr. London u. New York 1967.
Woodhouse, A. S. P., Puritanism and Liberty, 1938, 2. Aufl. London 1974.
Woolrych, A., Battles of the English Civil War, London 1961.
–, The Calling of Barebone's Parliament, EHR LXXX (1965).
–, Last Quests for a Settlement, 1657–1660, in: Aylmer, Interregnum.
–, Oliver Cromwell and the Rule of the Saints, in: Parry.
Worden, B., The Rump of Parliament, 1648–1653, Cambridge 1974.
Wormald, B. H. G., Clarendon. Politics, History and Religion 1640–1660, Cambridge 1951, 1976.
Young, P., u. R. Holmes: The English Civil War. A Military History of the three Civil Wars, 1642–1651, London 1974.
Yule, G., The Independents in the English Civil War, Cambridge 1958.
Zagorin, P., The Court and the Country. The Beginning of the English Revolution, London 1969.
–, The Court and the Country: A Note on Political Terminology in the earlier seventeenth century, EHR LXXVII (1962).
–, A History of Political Thought in the English Revolution, London 1954.
–, The Social Interpretation of the English Revolution, JEH XIX (1959).
Zaller, R., The Parliament of 1621, Berkeley 1971.

AUTORENREGISTER

PERSONEN- UND SACHREGISTER

Aus dem weiteren Programm

[illegible] Erbe, Michael

Moderne französische Sozialgeschichtsforschung. Die Gruppe der „Annales". (EdF, Bd. 110)

[illegible]

[illegible]

[illegible] Ludwig (Hrsg.)

Die Volksschule des Obrigkeitsstaates und ihre Kritiker (TzF, Bd. 30)

[illegible]

[illegible]

[illegible] Klaus J. (Hrsg.)

Kaiser Friedrich II. in Briefen und Berichten seiner Zeit

[illegible]

[illegible]

[illegible] Erwin (Hrsg.)

Quellen zur Entstehung des Ersten Weltkrieges

[illegible]

[illegible]

[illegible] (Hrsg.)

Wirtschaftliches Wachstum im Spiegel der Wirtschaftsgeschichte (WdF, Bd. [illegible])

[illegible]

[illegible]
